AF298658

HISTOIRE

D'UNE DÉTENTION

DE TRENTE-NEUF ANS,

DANS LES PRISONS D'ÉTAT.

Écrite par le Prisonnier lui-même.

A AMSTERDAM.

Et se trouve chez les principaux Libraires de l'Europe.

1787.

AVIS
DE L'ÉDITEUR.

EN Espagne on est familiarisé avec l'Inquisition ; en Turquie les Lacets & les Muets ne paroissent que des choses fort simples ; en France on est un peu moins tranquille sur les lettres-le-cachet qui, véritablement, font plus de ravage dans une année, que l'Inquisition, les Lacets & les Muets n'en font dans dix ans. Il est aussi humiliant qu'étonnant, que dans un pays, qui est la patrie des sciences, des talens & de la philosophie, dans un Royaume où chaque Ville a ses Académies, c'est-à-dire sa société de Philosophes ; il est bien surprenant, dis-je, que tous les efforts de la raison ne foient pas employés fans relâche à combattre un fléau auffi funefte.

L'Hiftoire de M. de Latude eft peut-être le meilleur ouvrage que l'on ait pu faire pour éclairer la nation & les perfonnes qui la gouvernent, fur l'inutile atrocité des châtimens arbitraires. On eft bien perfuadé, d'après les principes qui paroiffent être ceux de cet honnête homme, qu'il ne défapprouvera pas que l'on publie fon manufcrit, & qu'il trouvera quelque confolation dans l'idée que le tableau de fes infortunes pourra devenir utile à fes concitoyens.

On n'a pas jugé devoir châtier les incorrections du ftyle de ce manufcrit, qui ne nuifent en rien au ton fi intéreffant de vérité & de fimplicité avec lequel il eft écrit.

MÉMOIRES

DU SIEUR

HENRI MASERS DE LATUDE,

Contenant les opérations qu'il a pratiquées pour se sauver une fois de la Bastille, & deux fois du Donjon de Vincennes, avec la suite de ces évènemens.

PREMIERE PARTIE.

JE regarde comme une faveur du ciel la possibilité où je suis de mettre au jour ces Mémoires, & quelques détails sur mes longues souffrances : ce terrible évènement est un fait de plus dans l'histoire des calamités

humaines, & il peut être utile & inftruc-
tif fous divers rapports.

Je n'ai befoin, pour intéreffer en ma
faveur, que d'apprendre aux perfonnes
qui da'gnent jetter un coup - d'œil fur
ces Mémoires, que j'ai gémi trente-quatre
ans dans les prifons.

Mais, le dirai - je , en implorant la
compaffion des hommes , j'ai peine, en
vérité, à me croire leur femblable ; le
tems où j'ai vécu parmi eux eft fi éloigné ; il eft fi incertain, d'ailleurs, que je
reparoiffe jamais dans la fociété, & j'ai en-
duré des peines fi cruelles & fi extraordinaires , que pour me perfuader que je
tiens encore à l'humanité, il faudroit que
tout changeât autour de moi ; car ma
fituation eft telle que mon ame ayant
perdu toute idée de bonheur , ne croit
plus qu'aux maux déchirans qu'elle ne
ceffe d'éprouver encore.

Je naquis en 1725 , à Montagnac en

Languedoc, diocèfe d'Agde : mon nom eft *Henri Mafers de Latude* : mon Père, Chevalier de l'Ordre Royal & Militaire de Saint-Louis, & Lieutenant-Colonel du Régiment de Dragons d'Orléans, fut fait en 1733, Lieutenant-de-Roi à Sedan. Je touchois à peine à ma vingt-troifième année, que mon père, cherchant à perfectionner mon éducation, & à favorifer les difpofitions que je montrois pour l'étude des mathématiques, m'envoya à Paris en 1749, dans l'intention de me faire cultiver cette fcience.

A cette époque Madame de Pompadour étoit devenue la favorite du Roi Louis XV ; elle fixoit l'attention de tout le Public : elle paffoit pour avoir de l'efprit, de la beauté ; elle aimoit les talens, & intéreffoit par là beaucoup de gens ; mais les perfonnes auftères défapprouvoient fa conduite, la condamnoient hautement, & annonçoient que le mauvais exemple attireroit les plus grand maux fur la France.

Enfin l'efprit de parti, le fanatifme même s'en mêloient ; on fouhaitoit même fa mort.

J'étois jeune, j'avois les idées vives, & je ne fais pourquoi cette femme m'intéreffoit finguliérement ; peut-être étoit-ce parce que je la voyois à la veille d'être perfécutée.

Dans cette circonftance, le hafard m'ayant fait rencontrer de jeunes étourdis, qui difoient qu'on fe débarrafferoit un jour de cette fangfue, dût-on employer des moyens extrêmes, & ayant appris qu'elle craignoit d'être empoifonnée, & que cette idée troubloit fon repos, mon intérêt pour elle redoubla au point que je réfolus de lui être utile, & de me rendre intéreffant auprès d'elle. Je conçus le projet le plus étourdi, le plus inconféquent & le plus mal vu ; je me dirigeai en un mot comme un enfant, qui ne fent la conféquence de rien. Je pris maladroitement la

voie la plus propre à me rendre odieux
à fes yeux , & je fis à jamais mon malheur.

Je me rendis à Verfailles auprès d'elle,
pour la prévenir que j'avois vu mettre à la
pofte une boëte pour elle ; je lui commu-
niquai mes plaintes fur cet envoi , en la
prévenant de fe tenir fur fes gardes ; que
j'étois véritablement inquiet fur fon fort,
d'après les propos que j'entendois, & que
je me croyois trop heureux de pouvoir lui
donner un avis auffi important. Elle parut
touchée de mon attention , & après m'a-
voir témoigné combien elle étoit fenfible
à ma démarche , elle m'offrit fes fervices.

La boëte arriva , car c'étoit moi qui l'a-
vois mife à la pofte : elle étoit pleine d'une
poudre qui n'avoit abfolument aucun effet
nuifible. Mais en réfléchiffant fur mes bons
avis, on imagina de faire des expériences
de cette poudre fur des animaux , &

voyant qu'il n'en réfultoit aucun mal , la Marquife de Pompadour pénétra bientôt mon ftratagême ; elle s'en plaignit , & je fut mis à la Baftille le premier Mai 1749.

. Dès le mois de feptembre fuivant, je fus transféré au donjon de Vincennes. M. Berryer, alors Lieutenant-général de Police, avoit beaucoup de bonté pour moi. Il m'avoit donné la meilleure chambre du donjon ; deux heures de promenade par jour dans l'un des deux jardins qu'il y a dans l'enclos. La fenêtre de ma chambre donnoit fur le Gouvernement, & celle du cabinet fur Paris. Sous cette fenêtre précifément, je voyois tout ce qui fe paffoit dans l'autre jardin du donjon , qu'on avoit donné à un Curé janfénifte. Ce Curé avoit beaucoup de liberté : la veuve du défunt Lieutenant de Roi , Madame de Saint-Sauveur, avec un de fes fils abbé, & qui eft aujourd'hui Chantre de la Ste. Chapelle de Vincennes , venoient

le voir tous les jours. Ce Curé apprenoit
à lire & à écrire au fils du Maître-d'Hôtel
de M. le Marquis du Châtelet, & à celui
d'un Porte-clef. Le plus âgé de ces jeunes-
gens n'avoit pas seize ans; ils se diver-
tissoient dans le petit jardin. J'étois fort
alerte, & j'avois l'esprit très-présent; rien
ne m'échappoit : l'air d'aisance & de liberté
de ces jeunes-gens me faisoit mal au cœur;
mais toutes leurs allées & venues, leurs
courses, me firent concevoir le projet de
m'évader. Comme je l'ai dit, M. Berryer
avoit ordonné de me faire promener deux
heures dans le jardin : il y avoit deux
Porte-clés, & à deux heures précises, le plus
âgé entroit dans le jardin pour m'attendre, & le plus jeune venoit m'ouvrir la
porte pour descendre. Mon projet conçu
pendant un certain nombre de jours, je des-
cendois plus vîte que le Porte-clés, & en
arrivant dans le jardin, il me trouvoit
auprès de son camarade : & tous les jours
j'augmentois de vitesse par degré. Après
l'avoir bien accoutumé à ce petit manége,

le 25 juin 1750, j'effectuai mon projet de la manière suivante :

A peine le Porte-clés m'eut-il ouvert, que je volai le long des degrés, & je fermai la porte du bas de l'escalier, tant pour empêcher que son camarade ne l'entendît sitôt crier, que pour gagner quelque tems; & je vais frapper hardiment à la porte de sortie, où une Sentinelle est postée dehors. Elle ouvre, &, sans lui donner le tems de me parler, je lui dis : « Morbleu, voilà » plus de deux heures que M. le Curé » attend l'Abbé de Saint-Sauveur ; avez- » vous vu passer ce fichu drôle ? y a-t-il » long-tems qu'il est sorti ? je vais le cher- » cher, mais il me paiera ma course. » Et en disant ces paroles, je marchois tou- jours en-dehors : je traverse ainsi la voûte qui est au-dessous de l'horloge. Là, je trouve une seconde Sentinelle ; je lui fais la même question : le Soldat me répond qu'il n'en fait rien, & me laisse passer. Je demande au troisième, qui étoit de l'autre côté du pont - levis , s'il n'avoit pas vu paſſer l'Abbé de Saint - Sauveur ? Il me réponds, que non ; & en marchant toujours, je lui dis : Oh ! je l'aurai bientôt » trouvé. » J'étois jeune & ſans barbe ; à quatre pas de cette dernière Sentinelle , je me mis à ſautiller comme un jeune écolier ; & à cinquante, je pris ma courſe, & paſſai devant le quatrième Factionnaire, ſans qu'il me ſoupçonnât ſeulement d'être priſonnier. Dans le tems que je courois, il ſe paſſoit une autre ſcène au donjon , (à ce que j'ai appris depuis :) le Porte-clés enfermé frappoit à la porte, & crioit comme un diable; ſon camarade du jardin fut le premier qui lui ouvrit : il ſe demandèrent tous deux à la fois : Où eſt le priſonnier ? Celui que j'avois enfermé dit : que c'étoit moi , ſans doute, qui l'avoit enfermé ; (il ne ſe trompoit pas) : l'autre lui répond, qu'il ne m'avoit point vu. Ils vont tous les deux frapper à la porte extérieure, & demander à la Sentinelle ſi elle n'avoit point vu le prifonnier qu'ils venoient de faire defcendre pour le promener ? Celui-ci, qui n'y entendoit pas fineffe, leur répondit : « Je » parie, double contre fimple, que c'eſt » lui qui vient de fortir tout-à-l'heure. » —— Mais il falloit l'arrêter, & ne pas » le laiffer paffer. —— Oh ! je ne favois pas » que ce jeune Monfieur fût prifonnier ; » il m'a dit qu'il alloit chercher M. l'Abbé » de Saint-Sauveur : à ma place, fi vous » ne l'euffiez pas connu, vous l'auriez » laiffé fortir de même. » On m'a laiffé ignorer la réponfe des autres ; mais à ces deux dernières, on ne pouvoit guère leur faire de reproches.

Six jours après cette évafion, ne me fentant coupable que d'imprudence, je me livrai moi-même par l'entremife du Médecin ordinaire du Roi Louis XV, comme un agneau, entre les mains paternelles de SA MAJESTÉ, efpérant qu'on n'abuferoit pas de la confiance & de la bonne-foi d'un innocent. Néanmoins on

me conduifit à la Baftille : M. Berrier
vint m'interroger. Cet aimable Magiftrat
me dit : « Que l'on étoit fort content de
» la confiance que j'avois eue dans la clé-
» mence du Roi : que bientôt je reſſenti-
» rois les effets de l'idée que j'avois eue
» de la bonté de fon cœur : que fi l'on
» m'avoit fait arrêter & conduire à la
» Baftille, ce n'étoit uniquement que pour
» favoir la manière dont j'avois échappé du
» donjon de Vincennes, parce qu'on y
» mettoit des prifonniers de grande confé-
» quence, & qu'on vouloit favoir fi les
» perfonnes à qui l'on en avoit confié la
» garde étoient des perfonnes fidèles à Sa
» Majeflé, qu'il exigeoit de moi un aveu
» fincère, & que j'aurois lieu d'être fatis-
» fait ».

Si quelqu'un m'eût tendu une main fecourable, j'aurois mieux aimé me laiſſer arracher les entrailles que de la payer d'ingratitude; mais comme mon évafion n'étoit
due qu'à mon induftrie, je lui fis tout

ingénuement le même récit que je viens
de rapporter ; & M. Berrier ne put
s'empêcher de rire de la manière dont je
m'y étois pris pour enfermer mon porte-
clés, & en impofer aux fentinelles. Bien
convaincu que tout ce que je venois de
lui dire étoit véritable, il me demanda
avec cette bonté qui lui étoit naturelle :
« Vous ai-je laiffé manquer de quelque
» chofe, n'ai-je pas eu bien foin de vous ?
» répondez, avez-vous à vous plaindre de
» moi ?..... Quand je ferai dehors, lui
» répliquai-je, je ne dirai point que j'ai eu
» affaire à un juge dans la perfonne de
» M. Berrier, mais à un père, qui, par fa
» douceur, fes fages remontrances, &
» fes bienfaits, m'a rendu mille fois plus
» repentant qu'un juge févère qui m'auroit
» maltraité. A ces paroles il me dit : » je
» ne puis vous rendre votre liberté, que je
» n'aie parlé à Madame la Marquife ; mais
» foyez tranquille, en peu de jours elle
» vous fera rendue ».

Mais

Mais Madame la Marquife de Pompa-.
dour fut piquée de ce que j'avois eu plus de
confiance dans la bonté du Roi que dans.
la fienne : & malgré le zèle & l'humanité
de M. Berrier, elle me fit mettre pendant.
dix-huit mois dans un cachot. Ce fut après
ce laps de tems que M. Berrier m'en tira,
& me mit dans une chambre ordinaire en
compagnie avec un autre prifonnier nommé Dalegre, & détenu, comme moi, par
la Marquife. J'écrivis lettre fur lettre à
M. Berrier en le priant de s'occuper de mon
élargiffement. Mes importunités l'obligè-
rent de venir à la Baftille, & me faifant
defcendre à la falle, il me dit : « Vous avez
» tort de me croire un cœur infenfible: je fens
» tous vos maux, & fi j'avois été le maître
» de votre fort, il y a long-tems que vous
» feriez libre ; mais vous avez affaire à une
» femme qui a en main le pouvoir fouve-
» rain. Demandez-moi des adouciffemens,
» je ne vous refuferai rien de tout ce qu'on
» peut accorder à un prifonnier ; voilà tout
» ce que je puis faire pour vous, en vous

» aſſurant que s'il y a du changement ,
» non - ſeulement vous ferez le premier à
» qui je rendrai la liberté , mais même ni
» votre tems ni votre peine ne ſeront per-
» dus , &c. » L'on avoit annoncé depuis
long-tems à mon compagnon qu'il devoit
attendre avec patience la diſgrace de la
Marquiſe.

Quand on eſt dans la peine les jours pa-
roiſſent plus longs que des années ; & le
malheur des infortunés c'eſt qu'ils mettent
toujours les choſes au pis : nous connoiſ-
ſions l'aſcendant que la Marquiſe avoit ſur
l'eſprit du Roi , & nous ne manquions pas
de dire : ſi cette femme reſte encore quatre,
ſix , dix , quinze ans à la Cour , hélas!
nous paſſerons toute notre jeuneſſe dans
la captivité , & nous périrons ici.
Voyons ſi nous ne pourrions pas nous
évader. Mais en jettant les yeux ſur les
murs de la Baſtille, qui ont plus d'une toiſe
d'épaiſſeur ; quatre grilles de fer aux fe-
nêtres , & autant dans la cheminée ; & en
conſidérant par combien de gens armés

cette prifon eft gardée ; la hauteur des murs & des foffés fouvent pleins d'eau ; il fembloit moralement impoffible à deux prifonniers , enfermés dans une chambre , privés de toute forte de fecours humains, de pouvoir échapper : & M. de la Borde , ce fameux Banquier , avec tout fon tréfor , ne viendroit pas à bout de corrompre les Officiers ; jugez donc ce que de fimples paroles auroient pu faire fur eux. Cependant avec un peu de génie , je vais vous faire voir qu'on peut venir à bout de tout.

Nous étions deux dans une chambre, & à la Baftille on ne donne ni cifeaux , ni couteaux , ni aucun autre inftrument tranchant , & pour cent louis votre porte-clés (c'eft-à-dire le garçon qui vous apporte à manger) ne vous donneroit pas un quarteron de fil ; & bien calculé il faloit quatorze cens pieds de corde ; il falloit deux echelles , une de bois de vingt à vingt-cinq pieds , & une de cent quatre-vingt

Il falloit arracher plufieurs grilles de fer dans la cheminée, & percer dans une feule nuit un mur de plufieurs pieds d'épaiffeur, à la diftance de douze à quinze pieds d'une fentinelle. Il falloit créer & faire tout ce que je viens de dire pour échapper, & nous n'avions que nos deux mains. Ce n'étoit pas encore là tout, il falloit cacher l'échelle de bois & celle de corde avec deux cent cinquante échelons d'un pied de long, & un pouce d'épaiffeur, ainfi que beaucoup de chofe prohibées, dans la chambre d'un prifonnier : & les Officiers, accompagnés du porte-clés, venoient nous faire vifiter & fouiller plufieurs fois par femaine : cependant j'étois fans ceffe occupé de ce projet; j'en avois parlé plufieurs fois à mon compagnon, qui avoit beaucoup d'efprit; mais il me répondoit toujours que la chofe étoit impoffible. Ses raifons au lieu de me rebuter, ne faifoient qu'animer de plus en plus mon courage.

Il faut avoir été prifonnier à la Baftille

pour favoir comme on eſt traité dans cette priſon. Imaginez-vous que vous paſſerez dix ans dans une chambre ſans voir ni parler au priſonnier qui eſt au-deſſus de vous. On y a mis pluſieurs fois le mari, la femme, & pluſieurs enfans; ils y ont tous reſtés nombre d'années, ſans ſavoir qu'aucun de leurs parens y fût. On ne vous apprend jamais aucune nouvelle : que le Roi meurt; qu'il y ait des changemens dans le miniſ-tère, on ne vous inſtruit jamais de rien ; & les Officiers, le Chirurgien, les porte-clés, ne vous diſent que : bon jour; bon ſoir; avez-vous beſoin de quelque choſe ? & voilà tout.

Il y a une chapelle où tous les jours on dit un Meſſe , & les Fêtes & Dimanches trois. Dans cette Chapelle il y a cinq pe-tits cabinets. On y met le priſonnier a qui le magiſtrat accorde la permiſſion d'en-tendre la Meſſe; on le retire après l'élé-v tion : de ſorte que jamais aucun Prêtre n'a vu le viſage d'aucun priſonnier; & ceux-ci ne voient que le dos du Prêtre. M. Berrier avoit eu la bonté de m'accorder la permiffion d'entendre la Meffe les Dimanches & les Mercredis, ainfi qu'à mon compagnon.

Il avoit donné la même permiffion au prifonnier qui étoit au-deffus de nous, c'eft-à-dire, au numéro trois de la tour nommée la Comté, qui eft la première à droite en entrant dans la Baftille. J'avois remarqué que ce prifonnier ne faifoit jamais aucun bruit ; ne remuoit ni fa chaife, ni fa table ; ne touffoit même pas, &c. Il alloit à la Meffe comme nous, defcendoit le premier, & remontoit après nous. L'efprit toujours préoccupé de mon projet d'évafion, je dis à mon confrère que j'avois envie de voir fa chambre au retour de la Meffe, & je le priai de m'en faciliter l'occafion, en mettant fon étui dans fon mouchoir ; & que lorfque nous ferions en revenant à la hauteur du fecond, de faire enforte en tirant fon mouchoir, que l'étui tombât le long des degrés, & le plus loin poſſible; & qu'il diroit au Porte-clés qui nous ſuivoit ordinairement de l'aller ra‑maſſer. Ce qui fut dit, fut fait. Moi, qui étoit devant, je monte vîte; je tire le verroux, & ouvre la porte du numéro trois. J'examine la hauteur du plancher, & remarque qu'il n'avoit pas plus de neuf à dix pieds de haut : je referme la porte; j'ai le tems de meſurer la hauteur d'une, deux, & trois marches de l'eſcalier; je les compte depuis cette chambre, juſqu'à la nôtre : & ce calcul fait, je trouve une différence de cinq pieds environ. Comme le plancher n'étoit point une voute de pierre, je tirai aiſément la conſéquence, qu'il ne pouvoit pas être de cinq pieds d'épaiſſeur, & je conclus qu'il étoit double.

Alors je dis à mon Confrère : « Ne » vous déſeſpérez point; avec un peu de » patience & de courage, je vous promets » que nous échapperons d'ici. Tenez, » voici mon calcul, en lui préſentant mon

» papier : il y a un tambour entre la troi-
» fième chambre & la nôtre. » -- Sans
vouloir regarder ce papier, il me dit :
« Eh ! quand il y auroit tous les tambours
» des Gardes-françoifes , comment vou-
» lez-vous que tous ces tambours puiffent
» nous faire évader ? -- Il n'eft pas befoin
» de tous les tambours des Gardes ; mais
» s'il eft vrai, comme je le crois, qu'il
» y ait deux planchers entre le troifième
» & le quatrième, pour cacher mes cordes
» & tous les autres matériaux dont nous
» avons befoin, je vous réponds que nous
» parviendrons à échapper. -- Mais pour
» pouvoir cacher nos cordes, il faut en
» avoir, & qui plus eft, il nous eft impof-
» fible d'en avoir feulement dix pieds. --
» Pour ces cordes, lui dis-je , n'en foyez
» point en peine; car dans la malle de ma
» chaife de pofte, que voilà devant vous ,
» il y en a plus de 1000 pieds dedans. »
-- Il me regarde fixement, puis il me dit:
« mais je crois, par ma foi, qu'aujourd'hui
» vous avez perdu l'efprit!... Je fais tout

» auſſi bien que vous tout ce qui exiſte
» dans votre malle & dans votre porte-
» manteau ; je fais qu'il n'y a pas un pied
» de corde ; & vous me dites qu'il y en a
» plus de 1000. -- Oui, lui dis-je, dans
» cette malle, il y a douze douzaines de
» chemiſes, ſix douzaines de paires de bas
» de ſoie, douze douzaines de paires de
» chauſſettes de fil, cinq douzaines de
» calleçons, ſix douzaines de ſerviettes.
» Or, en défilant mes chemiſes, mes bas,
» mes chauſſettes, mes ſerviettes, mes
» calleçons, avec cela, nous aurons de
» quoi faire plus de 1000 pieds de cordes.
» -- Cela eſt vrai, dit-il ; mais, avec quoi
» pourrons-nous arracher ces barres de
» fer qui ſont dans notre cheminée ? car,
» avec rien, il nous eſt impoſſible de faire
» quelque choſe : & nous n'avons que nos
» mains ; nous ne pouvons pas créer des
» outils, pour venir à bout d'un auſſi grand
» ouvrage. -- Je lui dis : Mon ami, la main
» eſt l'inſtrument de tous les inſtrumens ;
» c'eſt-elle qui les forme tous. Et les hom-

» mes qui savent faire travailler leur tête,
» trouvent toutes sortes de ressources.
» Voyez, continuai-je, ces deux fiches de
» fer qui soutiennent notre table pliante;
» je leur ferai un manche à chacune; je
» leur ferai un taillant, en les repassant
» sur un carreau de notre chambre : nous
» avons un briquet, en le cassant de telle
» manière, en moins de deux heures,
» j'en ferai un bon canif pour faire ces
» manches; & ce canif nous servira à
» mille autres besoins : ainsi, avec ces deux
» fiches, je vous réponds sur ma tête que
» nous viendrons à bout d'arracher toutes
» ces barres de fer. »

Toutes la journée nous en conférâmes,
&, dès l'instant que nous eûmes soupé,
nous arrachâmes une fiche de fer de notre
table; & avec elle, nous levâmes un carreau de notre chambre ; & nous nous
mîmes à creuser, de manière qu'en six
heures de tems nous l'eûmes percé : & à
notre satisfaction, nous trouvâmes qu'il

y avoit deux planchers à trois pieds de
diſtance l'un de l'autre. Dès cet inſtant,
nous regardâmes notre évaſion comme
certaine. Mous remîmes le carreau, qui
ne paroiſſoit point avoir été enlevé. Le
lendemain, je caſſai notre briquet, &
j'en fis un canif ou petit couteau, & avec
cet inſtrument, nous fîmes des manches
aux deux fiches de notre table. Nous y
donnâmes un taillant à chacune : après,
nous défilâmes deux de nos chemiſes,
c'eſt-à-dire, qu'après les avoir découſues
& les ourlets auſſi, nous tirâmes un fil
après l'autre. Nous nouames ces filets,
nous en fîmes un certain nombre de pelotons d'une longueur égale & détermi-
née : tous ces pelotons étant finis, nous
les partageâmes en deux, & ils devinrent
deux groſſes pelottes. Il y avoit cinquante
filets à chacune de ſoixante pieds de long :
& enſuite nous les treſsâmes, ce qui nous
fit une corde qui avoit cinquante-cinq
pieds environ de long : &, avec le bois
qu'on nous portoit pour nous chauffer,

nous fîmes vingt échelons ; & avec cette corde, nous en fîmes une échelle de vingt pieds de long. Enfuite nous commençâmes par l'ouvrage le plus difficile, c'eft-à-dire, par arracher les barres de fer de la cheminée. Pour cet effet, nous attachâmes notre échelle de corde avec un poids à un bout de ces barres de fer : elle s'y entortilla aifément ; & par le moyen des échelons, nous nous foutenions en l'air dans le tems que nous dégradions ces barres de fer. En moins de fix mois, nous vînmes à bout de les arracher toutes ; & nous les reposâmes en place, de manière à pouvoir les ôter au befoin, dans le moment que nous voudrions. Cet ouvrage nous coûta bien de la peine, Mon dieu! jamais nous ne defcendions fans avoir les mains toutes enfanglantées ; & nos corps étoient dans une fituation fi pénible, dans cette cheminée, qu'il nous étoit impoffible de travailler une heure entière fans nous relever.

Cet ouvrage fini , il nous falloit une échelle de bois de vingt pieds, pour remonter du foffé fur le parapet, où les Soldats de garde font poftés, & de-là entrer dans le jardin du Gouvernement. Tous les jours on nous donnoit plufieurs morceaux de bois pour nous chauffer ; ils avoient dix-huit à vingt pouces de longueur. Il nous falloit enfuite des moufles & beaucoup d'autres chofes ; & nos deux fiches n'étoient pas propres pour ces ouvrages, & encore bien moins pour fcier des bûches. En moins de fix heures de tems , d'un chandelier de fer que nous avions , j'en eus fait, avec l'autre morceau du briquet , une excellente fcie , avec laquelle, en moins d'un quart-d'heure , je me ferois vanté de couper en deux une bûche groffe comme la cuiffe. Avec le canif , la fiche , & cette fcie , nous parvînmes à dégroffir ces bûches, à les polir, à y faire aux deux bouts des efpèces de charnières ou mortaifes, & des tenons, pour qu'elles puffent s'engencer les unes dans les autres avec deux trous, dont l'un recevoit un échelon & l'autre une cheville, qui les empêchât de vaciller ; & à mesure que nous avions perfectionné un morceau de notre échelle, nous le cachions entre les deux planchers.

C'est avec ces outils que nous fîmes un compas, une équerre, un dévidoir, des moufles, des échelons, &c. &c.

Comme dans la journée les Officiers ou Porte-clés entroient souvent dans notre chambre au moment que nous nous y attendions le moins, il nous falloit cacher non-seulement nos ustenciles, mais encore les plus petits copeaux ou débris que nous faisions, & dont le plus petit nous eût décelés. Nous avions aussi donné un autre nom à toutes ces choses : par exemple, nous appellions la scie, *Faune* ; le dévidoir, *Anubis* ; les fiches de fer, *Tubal-kain* ; le tambour, *Polyphême*, par allusion à cet antre de la Fable ; l'échelle de bois,

Jacob ; les échelons, *rejettons* ; une corde, une *colombe*, &c. &c. & quand quelqu'un entroit, le plus éloigné difoit au plus proche : Tubalkain, Faune, Anubis, colombe, &c. & l'autre, qui entendoit ce que cela vouloit dire, jetoit deffus fon mouchoir ou une ferviette ; en un mot, il fefoit difparoître ce qui devoit être caché : nous étions fans ceffe fur nos gardes.

L'échelle de bois que nous fîmes n'avoit qu'un bras, & vingt pieds de long, dans lequel étoient paffés vingt échelons de quinze pouces de long, qui dépaffoient ce bras par conféquent de fix pouces de chaque côté ; & à chaque morceau de ce bras, nous avions attaché fon échelon & fa cheville avec une ficelle ; de forte qu'il n'étoit pas poffible de fe tromper en la montant dans la nuit. Quand cette échelle fut finie & mife à l'effai, nous la cachâmes dans Polyphême, c'eft-à-dire, entre les deux planchers : enfuite nous travail-

lâmes à faire les cordes de la grande
échelle, qui devoit avoir cent quatre-
vingts pieds de longueur. Nous défilâmes
nos chemifes, nos ferviettes, nos chauf-
fettes, nos calleçons, nos bas de foie,
enfin, tout y paffa. A mefure que nous
avions fait un peloton, d'une longueur
décidée, nous le cachions ; pour n'être
pas furpris, dans Polyphême : & quand
nous eûmes fini le nombre fuffifant, en
une nuit nous trefsâmes cette belle corde.
Elle étoit blanche comme la neige ; &
j'ofe dire qu'un cordier ne l'auroit pas
mieux faite.

Tout autour de la Baftille, il y a un
entablement qui déborde, en dehors, de
trois à quatre pieds. Nous ne doutions pas
qu'à chaque échelon que nous defcendrions, cette échelle ne flottât de côté &
d'autre ; & ce font des inftans, où la tête
la mieux organifée peut manquer. Pour
prévenir qu'aucun de nous deux ne s'é-
crasât s'il tomboit, nous fîmes une feconde

conde corde de trois cents-foixante pieds de long, ou de deux fois la hauteur des tours. Cette corde devoit être paffée dans un mouffle que nous avions fait, c'eft-à-dire, une efpèce de poulie fans roue, pour éviter qu'elle ne pût s'engrener entr'elle & fes côtés; & de cette manière, chacun de nous deux, foit du haut, foit du bas des tours, pouvoit, par le moyen de cette corde, foutenir en l'air fon camarade, & l'empêcher de defcendre plus vîte qu'il n'auroit voulu fi ce malheur lui arrivoit. Après ces deux cordes, nous en fîmes encore quelques autres de moindre longueur, pour attacher notre échelle de corde, notre mouffle à une pièce de canon, & autres befoins imprévus.

Quand toutes ces cordes furent faites, nous les mefurâmes, il y en avoit quatorze cents pieds. Nous eûmes encore à faire deux cents échelons pour la grande échelle & l'échelle de bois; & pour empêcher que les échelons de l'échelle de corde ne fiffent du bruit quand nous les defcendrions, en flottant le long de la muraille, nous les revêtîmes de la doublure de nos robes de chambre, de nos gilets, &c. Nous travaillâmes près de dix-huit mois, nuit & jour, à faire tous ces matériaux.

Vous venez de voir tout ce qu'il falloit pour monter par notre cheminée fur la platte-forme de la Baftille, en defcendre dans le foffé, remonter enfuite fur le parapet, & entrer dans le jardin du gouvernement; & de ce jardin, redefcendre encore, par le moyen de notre échelle de bois, ou d'une autre, dans le grand foffé de la porte faint Antoine, lieu où nous devions être en liberté. Il nous falloit encore de plus une nuit obfcure, orageufe; mais nous avions un malheur terrible à craindre : Il pouvoit pleuvoir depuis cinq heures du foir, jufques à neuf & dix, & puis le temps fe mettre au beau. Alors toutes les fentinelles fe promenant autour de la Baftille, c'eft-à-dire, d'un pofte à l'autre,

dans un pareil cas, toutes nos peines &
matériaux, non-feulement étoient perdus;
mais pour rendre l'aventure plus tou-
chante, au lieu de nous confoler, on nous
auroit mis au cachot; & pendant tout le
temps que la Marquife auroit été en faveur, on nous eût refferrés d'une étrange
manière. Cette appréhenfion nous inquié-
toit beaucoup; mais à force d'y penfer, je
trouvai le moyen de l'applanir. Je fis concevoir à Dalegre, mon compagnon d'infortunes, que depuis que cette muraille
étoit bâtie, la Seine avoit débordé au
moins plus de trois cents fois; que l'eau
avoit dû diffoudre les fels que contient le
mortier ou le plâtre, au moins d'une ligne
chaque fois; par conféquent, qu'il nous
feroit facile d'y faire un trou pour fortir
avec moins de rifque. « Que nous vien-
» drions à bout d'avoir une vrille, en ar-
» rachant une fîche de nos lits, à laquelle
» nous ajufterions un bon manche en
» croix ; & avec laquelle nous ferions
» quelques troux dans la jointure des pier-

» res, pour y engrener nos barres de fer,
» par elles, entre nous deux, nous fe-
» rons un effort de plus de cent quintaux
» avec la force du levier; & par confé-
» quent, nous viendrons très-aifément à
» bout de percer ce mur, qui fait la fépa-
» ration du foffé de la Baftille d'avec celui
» de la porte faint Antoine. Il y aura un
» million de fois moins de rifques à fortir
» par-là, qu'à remonter fur le parapet, &
» paffer fous la barbe des fentinelles, &c.
» Dalegre en convint, & me dit : qu'au
» furplus, fi ce percement devenoit trop
» difficile, il y auroit encore moins de
» rifque à l'efcalader dans quelque coin,
» comme nous projettions ci-devant d'ef-
» calader le parapet; extrémité d'ailleurs,
» à laquelle nous pourrions toujours re-
» venir, fi nous rencontrions, dans ces
» expédiens, des obftacles trop infur-
» montables ». En conféquence, nous
fîmes des fourreaux à ces deux barres de
fer : nous tirâmes la fiche, & nous en fîmes une vrille; en un mot, quand tout

notre appareil fut achevé ; quoique la rivière eût débordé , & qu'il y eût trois à quatre pieds d'eau dans chacun des deux foſſés , nous réſolûmes de partir le lendemain , 25 Février 1756 , veille du Jeudi gras.

En outre de ma malle j'avois un grand porte - manteau de cuir ; ne doutant pas que toutes les hardes que nous avions ſur le corps ne fuſſent mouillées , obligés de traverſer l'eau , & d'y travailler ; nous mîmes dans ce porte - manteau un habillement complet , ſans oublier chapeaux , bas , ſouliers , & en outre , tout ce qui nous reſtoit de meilleur , juſqu'à ce qu'il fût bien plein. Le lendemain , à peine nous eut - on ſervi notre dîné , que nous montâmes notre grande échelle de corde de tous ſes échelons ; enſuite nous la cachâmes ſous nos deux lits , afin que les Porte-clés ne puſſent l'appercevoir en nous apportant à ſouper. (Un Officier étoit venu avec lui nous fouiller le matin.) Nous ac-

commodâmes enfuite notre échelle de bois,
puis nous mîmes le refte en plufieurs paquets, bien convaincus qu'on ne viendroit pas nous vifiter avant cinq heures,
fuivant la coutume. Les deux barres de fer,
dont nous avions befoin, étoient toutes
arrachées, & mifes dans leur fourreau,
pour empêcher qu'elles ne fiffent du bruit,
& les manier encore avec effort plus commodément. Nous avions eu foin de prendre une bouteille de fcubac pour nous ré-
chauffer & nous donner de la force, fi
nous étions réduits à travailler dans l'eau.
Ce fecours nous fut bien néceffaire; car,
fans cette liqueur, nous n'aurions jamais
pu tenir dans l'eau d'un dégel, jufques au
col pendant fix heures.   1

Nous voici arrivés au moment péril-
leux !... A peine nous eut-on fervi à fou-
per que, malgré un rhumatifme que j'a-
vois au bras gauche, je me mis à grimper
dans la cheminée, & j'eus toutes les peines
du monde à monter au faite : je faillis étouffer

par la pouffière de la fuie ; car j'ignorois fa précaution que prennent les ramoneurs , d'armer de défenfifs leurs coudes & leurs reins , & de fe mettre un fac fur la tête , pour fe garantir de la pouffière des cheminées Auffi mes coudes & mes genoux furent-ils tout écorchés : le fang des coudes couloit jufques fur mes mains ; celui des genoux le long des jambes. Enfin j'arrivai au haut de la cheminée , je m'y mis à califourchon , & j'y fis couler une pelotte de ficelle que j'avois dans ma poche , au bout de laquelle mon compagnon étoit convenu d'attacher la corde la plus forte , où tenoit mon porte-manteau : par ce moyen je le fis monter à moi & le fit redefcendre fur la platte forme. Je renvoyai la corde où mon compagnon rattacha l'échelle de bois ; je tirai enfuite de même les deux barres de fer , & tous les autres paquets dont nous avions befoin. Après que tout fut monté , je jettai encore ma ficelle pour monter l'échelle de corde , j'en tirai tout le fuperflu qu'il en falloit à mon camarade pour monter dans la cheminée plus commodément que moi , par le moyen du bout de cette échelle , & je l'arrêtai folidement par deux tours au fignal qu'il m'en fit. Il monta facilement ; nous achevâmes de tirer le refte , que je jettai de manière qu'elle fut comme nous à cheval dans la cheminée , & nous defcendîmes tous deux à la fois fur la platte forme , en nous fervant de contre-poids l'un à l'autre.

Deux chevaux n'auroient pu porter notre attirail; nous commençames à faire un rouleau de notre échelle de corde , qui produifit un volume de cinq pieds de haut, fur un pied d'épaiffeur ; & nous fîmes rouler cette efpèce de meule fur la tour du tréfor , que nous jugeâmes plus favorable à faire notre defcente. Nous attachâmes bien cette échelle à une pièce de canon, & puis nous la fîmes couler doucement dans le foffé. Nous attachâmes pareille-ment notre moufle ; nous y paffâmes la corde de trois cents-foixante pieds de long; & après avoir tranfporté à côté tous nos autres paquets, je m'attachai bien par la cuiſſe au bout de cette corde du moufle; je me mis ſur l'échelle, & à meſure que je deſcendois un échelon, mon camarade lâchoit en proportion de la corde du moufle. Malgré cette précaution, à chaque mouvement que je faiſois, mon corps ſembloit être un cervolant qui voltigeoit en l'air, au point que ſi pareille avanture fût arrivée dans le jour, de mille perſonnes qui m'auroient vu flotter de la ſorte, je crois fermement qu'il n'y en auroit pas eu une ſeule qui eût refuſé de faire des vœux au ciel pour moi. Enfin j'arrivai ſain & ſauf dans le foſſé. Sur le champ mon compagnon me deſcendit mon porte-manteau, barres de fer, échelle de bois, & tout notre équipage que je plaçai au ſec ſur une petite éminence qui dominoit l'eau du foſſé au pied de la tour. Mon camarade s'attacha pareillement à ſon tour au-deſſus du genou à l'autre bout de la corde du moufle; & lorſqu'il m'eut fait connoître, par un signal, qu'il étoit sur l'échelle, je fis d'en bas la même manœuvre qu'il avoit fait d'en haut pour me soutenir en l'air, si j'eusse perdu l'échelle : j'eus même le soin de passer le dernier échelon entre mes deux cuisses en m'asseyant dessus, pour lui épargner le flottage que j'avois éprouvé. Il arriva, & pendant tout ce tems, il est certain que la sentinelle n'étoit pas éloignée de dix toises de nous, se promenant sur le corridor, parce qu'il ne pleuvoit point; & c'est ce qui nous auroit empêché de pouvoir y monter pour arriver dans le jardin, comme nous l'avions d'abord projeté. Nous nous vîmes donc forcés à nous servir de nos barres de fer ; j'en pris une sur mon cou avec la vrille, & mon compagnon l'autre ; je n'oubliai pas non plus de mettre dans ma poche la bouteille de scubac, & nous allâmes tout droit à la muraille qui sépare le fossé de la Bastille de celui de la porte St. Antoine , entre le jardin & le gouvernement. Dans cet endroit, il y avoit eu anciennement un petit foffé d'une toife de largeur, & d'un ou deux pieds de profondeur ; ce qui nous donna de l'eau jufque fous les aiffelles.

Dans le moment, qu'avec la vrille je commençois à faire un trou entre deux pierres pour engrener nos leviers, voilà la ronde major qui paffe avec fon grand falot à dix ou douze pieds tout au plus au-deffus de nos têtes. Pour l'empêcher de nous découvrir, nous nous croupîmes dans l'eau jufqu'au menton ; & lorfqu'elle fut paffée, j'eus bientôt fait, à l'aide de ma vrille, deux ou trois petits trous ; & dans peu nous eûmes enlevé la groffe pierre que nous avions attachée. Dès l'inftant je répondis à d'Alègre de la réuffite : je bus un coup ; je lui en fit boire un autre : nous attaquâmes la feconde, puis la troifième. Une feconde ronde vint à paffer, & nous nous remîmes encore dans l'eau jufqu'au menton. Il nous fallut faire cette cérémonie régulièrement toutes les demi - heures que cette maudite ronde paſſoit toujours , & à la même diſtance.

Avant minuit nous avions déjà dégradé plus de deux tombereaux de pierres. Vous allez croire que les quatre paroles que je vais rapporter ſont écrites pour vous ex-citer à rire ; mais c'eſt la pure vérité. Ayant entendu que la ſentinelle venoit ſe pro-mener au-deſſus de nous, les décombres que nous avions faits autour du trou, nous forcèrent de nous croupir dans l'eau un peu derrière : la ſentinelle arrête tout court. Nous crûmes qu'il avoit entendu ou ap-perçu quelque choſe, & que nous étions perdus ; mais un inſtant après , il fit ſon petit tour préciſément ſur ma tête. Quand il fut parti, je dis à mon compa-gnon à l'oreille : « Cet inſolent vient de » piſſer ſur ma tête ; mais m'auroit-il fait » caca ſur le nez, il ne m'auroit pas fait » rompre le ſilence. Il me répondit : « je

» vous crois ; mais buvons un coup pour
» appaifer la peur qu'il nous a faite. Enfin
» en moins de fix heures de tems, nous
» eûmes percé cette muraille qui, au rap-
» port du Major, a quatre pieds & demie
» d'épaiffeur. Dès l'inftant je dis à d'Alègre
» de fortir, & de m'attendre de l'autre côté ;
» & que fi malheureufement il m'arrivoit
» quelque chofe en allant chercher le por-
» te-manteau, de s'enfuir au moindre bruit ;
» il n'arriva rien heureufement : je l'ap-
» portai ; il le tira en dehors : je fortis
» après, en abandonnant le refte fans
» regret ».

Etant tous les deux dans le grand foffé
de la porte St. Antoine, nous nous croyons
hors de péril : d'Alègre tenoit un bout de
mon porte-manteau, & moi l'autre, pour
gagner le chemin de *Bercy*. A peine eûmes
nous fait cinquante pas, que nous tom-
bâmes dans l'acqueduc qu'il y a dans le
milieu de ce grand foffé : nous avions au

moins fix pieds d'eau au-deſſus de nos têtes. Mon compagnon, aulieu de gagner l'autre bord, car cet acqueduc n'a pas fix pieds de large, quitte le porte-manteau pour s'accrocher à moi. Me ſentant ſaiſir, je donne un grand coup de pied ; je lui fis lâcher priſe : en même-tems je me cramponne de l'autre côté ; j'enfonce mon bras dans l'eau, l'attrappe aux cheveux, & le tire à moi, & enſuite mon porte-manteau qui ſurnageoit. Ce n'eſt qu'à cet endroit que nous fûmes hors de péril. C'eſt où finit cette nuit terrible.

A trente pas de là, comme ce foſſé faiſoit une pente, nous fûmes à pied ſec. Ce fut alors que nous nous embraſſâmes, & que nous nous jetâmes à genoux pour remercier Dieu de la grande grace qu'il venoit de nous faire, de ce qu'aucun n'avoit été fracaſſé en tombant, & de la liberté qu'il venoit de nous rendre. Notre échelle de corde étoit ſi juſte, qu'elle n'avoit pas un pied de trop ni de moins. Nous avions fi bien arrangé tout, qu'il n'y eut pas un bout de corde d'embrouillé.... Toutes les hardes que nous avions fur le corps étoient mouillées ; mais nous avions prévu ce petit malheur : nous avions des hardes dans mon porte-manteau , & couvertes à l'entrée de chemifes falles ; le tout étoit fi bien arrangé, que l'eau n'avoit pas pu y pénétrer.

A force d'avoir travaillé pour tirer les pierres du trou, nos mains étoient toutes écorchées : & une chofe qu'on auroit de la peine à croire , c'eft que nous avions moins froid dans l'eau jufqu'au cou , que quand nous en fûmes tout-à-fait dehors : car un tremblement univerfel nous faifit ; nos mains s'engourdirent. Il fallut que je ferviffe de Valet-de-Chambre à mon ami , qui m'en fervit à fon tour. Comme nous montions la rampe de ce foffé pour entrer dans le chemin, quatre heures fonnèrent. Nous prîmes le premier fiacre, & nous fû-

mes chez M. de Silhouette , Chancelier
de Monſeigneur le Duc d'Orléans ; mal-
heureuſement il étoit à Verſailles. Nous
nous refugiâmes à l'Abbaye St. Germain-
des-prez.

Fin de la première Partie.

SECONDE PARTIE.

SECONDE PARTIE.

LA Marquise de Pompadour n'ignoroit pasqu'elle nous avoit fort mal traités; car il y avoit alors six ans qu'elle tenoit d'Alègre dans la Bastille; & moi sept, qu'elle avoit abusé de ma bonne foi, & de la confiance que j'avois eue dans la bonté du Roi. Elle savoit que d'Alègre étoit un jeune homme qui avoit beaucoup d'esprit, & que moi je n'étois pas tout-à-fait sot. On ne lui avoit point caché que nous étions fort irrités contre elle : &, avec raison, elle craignoit que nous ne lui causassions bien de l'ennui, en divulguant ses cruautés & sa mauvaise conduite. Nous tînmes conseil, & nous résolûmes de rester cachés un mois, pour lui laisser le tems de jetter ses premiers feux; car nous ne doutions pas qu'elle alloit tout mettre en usage pour nous faire arrêter & remettre à la Bastille;

D

&, pour l'empêcher de nous avoir tous d'eux d'un même coup de filet, il fut réfolu que nous fortirions de France l'un après l'autre, & que celui qui ne feroit point arrêté réclameroit fon camarade ; qu'il commenceroit par les prières, & qu'au refus de la Marquife, qu'il auroit, par degrés, recours aux voies qui feroient le plus d'éclat, en rendant fa cruauté publique, jufqu'à ce qu'elle eût relâché l'autre. Comme on craignoit la plume de d'Alègre, il voulut fortir le premier : pour cet effet, il s'habilla en pauvre payfan, & il eut le bonheur d'arriver à Bruxelles. Il fut loger à l'hôtel de *Coffy*, fur la place de l'Hôtel-de-Ville. J'avois logé un quartier d'hiver dans cette auberge ; l'hôte fe nomme *Volems*. Arrivé dans cette Ville, il m'écrivit fur-le-champ de venir le joindre. Je m'habillai comme lui en payfan ; mais, avant de partir, je me fis donner par celui qui me logeoit fon extrait baptiftaire, & je m'étois muni d'un factum de procès. Je fus attendre à deux ou trois lieues la diligence qui alloit à Valenciennes; je m'accommodai avec le cocher pour me porter jufques dans cette Ville.

Etant arrivé à Cambrai, dans l'auberge où couche la diligence, un Brigadier de la Maréchauffée vint tout droit à moi, me regarde fixement, & me dit : « D'où venez-vous ?.... La diligence venant de Paris, je ne pouvois pas lui dire que je venois d'ailleurs. « D'où êtes vous » ? me dit-il. --- Je me gardai bien de lui dire que j'étois de Montagnac, il m'auroit cru fur ma parole ; mais je lui dis que j'étois de Digue en Provence, à caufe de l'extrait baptiftaire de mon hôte que j'avois. --« De » Digue, me dit-il, je fuis refté plus de » dix ans dans cette Ville ». --- Et moi qui n'y avois jamais été, jugez de ma furprife; j'aurois mieux aimé qu'un cheval m'eût donné un coup de pied, que de lui entendre proférer cette parole : cependant, fans me déconcerter, je lui dis : Parbleu,

» Monfieur, fi vous êtes refté dix ans à
» Digue, vous ne devez pas regretter de
» mourir aujourd'hui ; car vous devez vous
» être bien diverti. La Provence & les
» Provençales font bien gaies ; avouez-le :
» parie que vous n'êtes pas refté un feul
» jour fans danfer ». --- « Oh ! fi j'ai dan-
» fé !..... depuis le matin jufqu'au foir.
» --- Le vin eft à bon marché dans mon
» pays, n'eft-il pas vrai ? Monfieur. -- Ah !
» d'honneur, me dit-il, je ne faifois que
» boire & danfer ». --- Cependant, après
lui avoir fait bien des queftions, malgré
moi, il m'en fit à fon tour qui n'étoient
pas fi amufantes que les miennes. « Con-
» noiffez-vous, me dit-il, M. un tel, un
» tel, un tel, &c. ». Ici je me reffouvins
de la fable du finge & du dauphin. Dans
un nauffrage, un finge s'étoit 'mis fur le
dos d'un dauphin : celui-ci lui demanda
s'il connoiffoit le Pyrée ? Si je connois le
Pyrée, dit le finge, c'eft le meilleur de
mes amis. Comme le Pyrée étoit le port
d'Athènes, le dauphin tourna la tète pour

voir ce qu'il portoit fur fon dos, voyant que ce n'étoit qu'un finge, il le jetta dans l'eau. Le fouvenir de cette fable me rendit prudent; car je dis en moi-même : fi ce Brigadier de Maréchauflée te tend un piège, & que tu difes que tu les connois ; tu es un homme perdu ; car, s'ils exiftent, il te pouffera de demandes auxquelles tu feras de plus en plus embarraflé de répondre. En conféquence je pris un autre biais ; je fis femblant de ruminer tout haut, en difant : « M. un tel, M. un tel, M. un » tel, &c. Je ne me fouviens pas d'avoir » jamais entendu prononcer ces noms dans » Digue, qui n'eft cependant pas extrê- » mement grand. Et de combien de tems » me parlez-vous, Monfieur » ? --- « De » dix-huit ans, me répondit-il ». --- « Oh ! » lui dis-je, je n'étois alors qu'un enfant, » & il eft hors de doute que ces perfonnes » font mortes ». Enfuite il me dit : « Ah ! » les excellentes eaux qu'il y a dans cette » villes ; elles opèrent des miracles : je leur » ai vu guérir tels & tels maux ». --- Je lui

répondis : « Monfieur , dans tous les lieux
» du monde, Dieu a mis des eaux & des
» breuvages pour guérir toutes fortes de
» maladies ». Comme il alloit me faire encore d'autres queftions , telles que me demander fi je n'avois pas dans le carroffe
un compagnon de voyage ; à quoi je répondis très-brièvement que non , & qu'à
la longue j'aurois très-certainement fuc-
combé ; car il prenoit trop de plaifir à s'entretenir avec ma perfonne. Je vis fortir de
l'écurie le cocher de la diligence , je lui
criai, de toutes mes forces : « Guftin ,
» Guftin ! il tourne la tête de mon côté :
» Voulez-vous, que nous allions boire une
» bouteille chez notre vieux ami. ? Il me
répondit , en pronoçant un f, ... « Je le
» veux bien ». Alors je tirai une révérence
à M. le Brigadier , qui me pefoit plus de
mille quintaux fur les épaules , & nous
fûmes effectivement boire une bouteille.

Le lendemain , la diligence arriva à Valenciennes avant midi. Je fus arrêté à la

porte ; on m'y fit plufieurs queftions ; je leur répondis que pour ce moment je venois en droiture de Paris ; mais que j'y étois arrivé de Digue. On me demanda mon paffeport. Sur-le-champ, fans répondre, je tirai de ma poche, bien accomodés dans un mouchoir, le factum & l'extrait baptiftaire. Je leur dis que j'étois domeftique, & que mon maître m'envoyoit porter ces papiers à fon frère, qui étoit établi à Amfterdam. Ils me laifsèrent paffer. Là, je pris la diligence de Bruxelles, & j'y arrivai le lendemain ; je fus tout droit chez mon ancien hôte, qui, fous l'habit de domeftique, ne me reconnut point ; mais fon époufe me fauta au col, & me donna plufieurs baifers. Enfuite je lui demandai où étoit M. d'Alègre. Elle me répondit : *je ne fais* --- « Je lui ai cepen-
» dant dit de venir loger chez vous à fon
» arrivée : il ma écrit & m'a fait des com-
» plimens de votre part ; il doit être ici
» par conféquent, & vous ne devez pas

» me cacher où il eſt » ? Elle me répondit
encore : *Je ne ſais où il eſt.*

A ces mots un coup d'épée ne m'auroit
pas fait plus de peine ; car je vis bien qu'il
lui étoit arrivé quelque malheur. Je dis
au mari & à la femme ; s'il vous doit, vous
n'avez qu'à me le dire ; je vais vous ſatis-
faire. La femme répondit, tout eſt bien
payé. Le mari me demanda ſi je logeois
chez lui ? Je lui répondis : ſi vous avez un
lit à me donner, cela n'eſt pas douteux ;
vous n'avez qu'à me préparer à ſouper ;
mais je ne puis me rendre ici que ſur les
dix heures ; je voulus lui donner un écu
d'avance, il n'en voulut point ; mais il me
dit qu'il alloit faire écrire mon nom à
l'hôtel-de-ville (c'eſt l'uſage) ; je ſortis
vîte de cette auberge, ſous prétexte que
j'avois des affaires à terminer dans la ville ;
mais bien réſolu de ne pas y retourner. Je
fus chez un de mes amis intimes, nommé
l'Avocat Scorvin, qui occupe aujourd'hui

une place confidérable dans le Grand-
Confeil du Brabant. Il venoit manger
dans cette auberge dès 1747, que je paffai
un quartier d'hiver en cette ville. Je lui
racontai mes avantures, & ce qui venoit
de fe paffer. Il me répondit : J'ai beaucoup
de peine à croire que M. le Prince Charles ait donné les mains pour faire arrêter
votre ami, ou enfin que fes Confeillers
fe foient prêtés à fon enlèvement ; fi vous
voulez, je vous donnerai un logement ici ;
mais, pour ne rien hafarder, je vous confeille de partir tout à l'heure. Je lui répondis que c'étoit la réfolution que j'avois
déjà prife, mais que je n'avois pas voulu
paffer fans le faluer. Je le chargeai de
quelques commiffions, qu'il fit : en for-
rant de chez lui, je fus tout droit à la
barque d'Anvers, qui devoit partir à neuf
heures précifes du foir ; j'entrai dans le
cabaret le plus proche, en attendant fon
départ. Un jeune Savoyard, en habit de
Dimanche, vint fe mettre à ma table, avec
fon époufe, & deux de fes parens qui ve-

noient l'accompagner. En me regardant
ce Savoyard me dit : « A votre air je con-
» nois que vous êtes François. --- Vous
» ne vous trompez pas. --- Allez-vous à
» Anvers ou plus loin. --- Je vais à Amf-
» terdam. --- Bon, dit-il, nous ferons le
» le voyage enfemble ; je parle très-bien
» hollandois, & fi on nous cherche quel-
» que difpute, nous ferons deux, & nous
» nous défendrons ».

Si je n'avois été plongé dans un chagrin
extrême, à caufe du malheur arrivé à mon
Compagnon d'infortunes, j'aurois ri. Cependant, je lui répondis : « Qu'il pouvoit
» compter fur moi ; que je ne lâcherois
» point le pied. » Nous arrivâmes de bon
matin à Anvers. Ce ramoneur, qui s'ap-
peloit *Achard*, me dit : « Mon ami,
» comme les vents peuvent devenir mau-
» vais & contraires, il nous faut acheter
» ici des vivres pour plufieurs jours. » Je
le remerciai de l'avis; mais il voulut m'accompagner dans la ville, où j'achetai

quelques livres de jambon cuit, du fro-
mage, du pain, & deux bouteilles d'eau-
de-vie de genièvre, &c. Nous fîmes porter
tout cela dans la barque de Rotterdam,
qui devoit partir à une heure précise après
midi : alors il n'étoit pas dix heures. Le
Savoyard me dit : « Nous avons le tems,
» voulez - vous, mon ami, que je vous
» mène à la Cathédrale pour voir les beaux
» tableaux qu'il y a dans cette Eglise. »
Quoique je les euffe vus avant lui, je
lui dis que je le voulois bien : il m'y
mène. Dans le tems que nous y étions,
occupé d'autre chofe que de tableaux,
je lui dis : « Vous êtes marié à Bruxelles ;
» votre femme y demeure ; ne pourrois-je
» pas la charger de me retirer un porte-
» manteau qui doit m'arriver de Paris par
» la Diligence ; car j'ai eu une affaire
» d'honneur en France, qui m'a empêché
» de pouvoir le prendre avec moi. A ce mot
» il me dit, parlez bas ; car il y a cinq jours
» aujourd'hui qu'il eft arrivé à Bruxelles
» une affaire de grande conféquence. Deux

» prisonniers d'état se sont échappés de la
» Bastille à Paris ; un s'est déguisé en men-
» diant, & sous cet habit, il est arrivé à
» Bruxelles : il avoit été loger à la place
» de l'Hôtel-de-Ville. Le lendemain il s'est
» fait faire un habit galonné, & alloit se
» promener avec les Officiers qui mangent
» dans cette auberge ; Laman (c'est un
» Officier de justice qui arrête le monde)
» a reçu un ordre de l'arrêter : & voici
» comme il s'y est pris pour sauver l'éclat.
» Il a été l'attendre à la porte de son au-
» berge, & lui a dit : Monsieur, vous êtes
» étranger, & moi je suis Laman ; il faut
» que vous ayez la bonté de vous trans-
» porter chez moi, pour me donner votre
» nom & vos qualités. Ce Monsieur, qui
» croyoit sa personne en sûreté, le suivit ;
» mais quand il a été arrivé dans sa maison,
» il l'a enfermé dans une chambre, en lui
» disant : Monsieur, j'ai ordre du Prince

» Charles de vous faire conduire sur les
» terres de Hollande : soyez bien assuré
» que vous serez content du Prince. Ce-

» pendant le lendemain à la pointe du jour,
» M. de Lécaille, Grand-Prévôt du Bra-
» bant, l'eſt venu prendre bien accompa-
» gné, & l'a conduit aux portes de Lille.
» C'eſt-là qu'il l'a remis à un exempt Fran-
» çois qui ſuivoit en chaiſe de poſte à une
» portée de fuſil par derrière. J'ai appris
» tout cela du Laman, qui eſt mon bon
» ami, & qui m'a bien défendu d'en parler
» à perſonne.

Par ce cruel récit, je ne pus plus douter
du malheur qui étoit arrivé à mon compagnon d'infortunes. Néanmoins je dis au
Ramoneur, « a-t-on arrêté l'autre ? -- Pas
» encore, me dit-il ; mais on ne le man-
» quera pas, car il y a bon nombres de
» gens à l'affut. Je dis en moi même : de
» par tous les Saints du Paradis, je viens
» de l'échapper belle » ! Après avoir été
inſtruit de tout par ce Ramoneur, je lui
dis : « ah ! pour moi je ne ſuis point pri-
» ſonnier d'état ; c'eſt pour m'être battu
» en duel, & avoir bleſſé mon ennemi :

» & pour éviter qu'on me mette en prifon,
» je vais en Hollande attendre que mes
» parens aient accommodé mon affaire.
» Achar, lui dis - je, ne croyez point
» que ce foit en traître que je l'ai bleffé;
» c'eft en tout honneur, en tout hon-
» neur. --Oh, me dit - il, je vous crois,
» Monfieur ».

Cependant, je fis des réflexions ; je dis en moi-même, fi le Prince Charles a donné fon confentement pour faire arrêter d'A-lègre, il ne manquera pas de faire courir après moi ; car dès hier au foir il aura été inftruit que je fuis arrivé à Bruxelles. Vu que je n'y ait point couché, il ne peut éviter de penfer que je fuis parti par la barque d'Anvers, pour paffer en Hol-lande. A Bruxelles, on fait précifément l'heure du départ de la barque de Rotter-dam ; & en moins de quatre heures, en chaife de pofte, on peut venir à Anvers. Or je ne doutai point que celui qui avoit fait arrêter d'Alègre, n'envoyât un ordre, au même M. de l'Ecaille à Anvers, pour me faire arrêter en entrant dans la barque de Hollande ; & pour éviter ce malheur, je dis au Ramoneur : « Achar, la barque » qui doit nous porter à Rotterdam, passe- » t-elle à Berg-op-zoom » ? Il me répondit que non. (c'est ce que je savois avant lui) Je feignis cependant d'en être fâché, & lui dis : « je ne m'attendois pas à ce con- » tre-tems ; car il faut de toute nécessité » que je passe à Berg-op-zoom, pour re- » cevoir l'argent d'une lettre-de-change. » Ainsi, mon ami, je suis bien fâché de » ne pouvoir achever le voyage avec vous, » qui me paroissez être un parfait honnête » homme ; mais j'espère que nous nous » reverrons à Amsterdam, & nous boi- » rons plus d'une bouteille ensemble. En » attendant, je vous fais présent de tous » les vivres qui sont dans la barque. Ce » présent fit beaucoup de plaisir à ce Ra- moneur qui, par reconnoissance, voulut » m'accompagner hors la ville, & m'in- » diquer le chemin qui mène à Berg-op-

» zoom ». A peine m'eut-il tourné le dos,
que je me mis à courir de toutes mes forces,
jufqu'à ce que je fuffe arrivé fur les terres
de Hollande, de crainte qu'en entrant dans
la barque on ne me réclamât, & que ce
Ramoneur ne lâchât quelque parole in-
difcrette.

J'arrivai fort heureufement à Amfterdam.
J'y trouvai plufieurs perfonnes de ma province; je ne les avois jamais vues; mais comme
elles connoiffoient ma famille, il y en eut
une qui voulut que je vinffe loger chez elle.
Cet honnête homme fit venir plufieurs perfonnes fages chez lui pour faire une con-
fultation. Tous m'affurèrent que je n'avois
rien à craindre ; que ma perfonne étoit en
sûreté dans Amfterdam ; que les états ne
me livreroient pas, pourvu que je fuffe
tranquille.

Mon deffein n'étoit pas de me venger,
ni même de troubler la tranquillité de la
Marquife de Pompadour. Il eft vrai que

j'aurois mieux aimé mourir que de lui aban-
donner mon camarade d'infortunes. J'attendois même avec impatience que j'euſſe
reçu de l'argent de chez moi , pour le lui
faire redemander d'une manière reſpec-
tueuſe , en faiſant agir toute ſa famille ; &
moi-même j'aurois répondu de ſa ſageſſe
& de ſa diſcrétion.

La Marquiſe de Pompadour étoit une
femme vindicative ; il n'y a que Dieu ſeul
qui l'ait connue ; & pour faire périr un de
ſes ennemis elle auroit fait dépenſer viugt
millions à la France. Le Miniſtre ou le
Contrôleur - Général des Finances ſe ſe-
roient bien gardés de la refuſer.

Par rapport à tout le mal qu'elle m'avoit
fait, elle me fit réclamer par l'ambaſſadeur
de France, au nom du roi, aux états de
Hollande. Eh ! quelle eſt la puiſſance qui
refuſeroit un de ſes ſujets à un auſſi puiſ-
ſant monarque.

E

Par un malheur qui furpaffe mes lumières, je ne fais comment on put intercepter mes lettres à la pofte d'Amfterdam, ayant eu la précaution de changer de nom, & de les faire mettre à d'autres bureaux de pofte, qu'à ceux d'où l'on pouvoit juger que j'en duffe recevoir.

Des lettres que l'on m'avoit interceptées, on ne m'en envoya qu'une feule, celle de mon père, dans laquelle il y avoit une lettre de change, & qu'on avoit eu foin de recacheter. A l'occafion de cette lettre, qui me fut rendue par les voies ordinaires, ils prirent des arrangemens pour m'enlever en allant chercher mon argent. Ainfi ce fut en allant faire acquitter cette traite que je fus arrêté, dans la maifon de Mars Fraicinet, banquier, au marché aux fleurs, le premier juin 1756. Je fus conduit à l'hôtel-de-ville d'Amfterdam, où je reftai huit jours ; & enfuite je fus mené par eau à Anvers, & de-là en pofte à la Baftille, où je fus, en arrivant, jetté dans un cachot, les fers aux pieds & aux mains, couché fur la paille, fans couverture.

C'eſt de ce lieu affreux, que le quatorze avril 1758, j'envoyai au feu roi, Louis XV, le projet militaire, pour faire prendre généralement à tous les officiers & fergens, des fufils au lieu d'eſpontons, dont ils fe fervoient juſqu'alors ; & par ce moyen j'augmentai nos armes, fans qu'il en coûtât rien, de vingt-cinq mille fufiliers.

Par un fecond mémoire que j'adreſſai à la cour, le trois juillet 1758, j'ai procuré plus de douze millions de revenu à la France : ces deux fervices, rendus dans un temps où le roi avoit grandement befoin d'argent, auroient fait rendre la liberté au plus grand criminel, & lui auroient encore procuré une fortune honnête ; ils n'ont fervi, à moi innocent, qu'à me faire redoubler les perſécutions, à m'accabler d'outrages ; de faire prendre à mes ennemis la réfolution inhumaine & meurtrière de me faire, par la fuite, périr dans un cachot de Bicêtre; dans le cachot des fcélérats.

Quant à préfent, détenu dans celui de la Baftille depuis quarante mois, les fers aux pieds & aux mains, & couché fur la paille, fans couverture; je dus ma fortie au débordement de la rivière. Quand on m'en tira, j'avois de l'eau jufqu'à la ceinture; on me mit dans une chambre ordinaire, en attendant la difgrace de mon ennemie, qui feule pouvoit me donner l'efpoir d'obtenir ma liberté.

Le pauvre Dalègre, mon malheureux compagnon compagnon d'infortunes, ne put réfifter à un traitement auffi cruel; il devint fou enragé. Dans le mois de mai 1777, il vivoit encore. On l'avoit transféré dans la maifon de force de Charenton, gouvernée par les frères de la Charité; féjour que l'on me deftinoit pareillement, felon toute apparence ; car on me donna un jour la permiſſion barbare de le voir aux catacombes. Je le trouvai parmi les frénétiques enragés.... Hélas ! en le voyant dans ce lieu affreux , je ne pus retenir mes larmes ! Et c'étoit le but de ceux qui me permirent cette partie de plaiſir, que de me conduire au déſeſpoir ! Je lui dis mon nom , je lui dis que c'étoit moi qui étois échappé de la Baſtille avec lui.... il ne me reconnoiſſoit point ?.... Il me répondit que non, qu'il étoit Dieu.

On croit faire grace à un criminel en le condamnant à une priſon perpétuelle ; mais d'après ma propre expérience , & celle que j'ai été à portée de prendre dans les autres, que je n'ai vus que de trop près , j'oſe dire, que les juges feroient plus humains mille fois , en ôtant la vie à un coupable par le plus douloureux de tous les ſupplices, que de le condamner à une priſon perpétuelle. Dans le premier cas , en moins d'une heure, tous ſes jours malheureux feroient finis ; au lieu que dans une longue prifon , il fouffre à chaque inf-tant toutes les douleurs d'un million de morts.

Je n'ai jamais fouhaité la mort à mon ennemie ; mais nuit & jour je foupirois après fa difgrace : & je puis protefter que je reffentis beaucoup de peine lorfque , le dix-huit avril 1764 , deux demoifelles auxquelles j'avois jetté un paquet de pa-quet de papiers du haut des tours de la Baftille , en profitant d'un grand vent , jufques dans la rue faint Antoine , les priant de me tendre une main fecourable ; ne ceffoient , pendant plufieurs jours , de me faire des fignes , qu'elles alloient tra-vailler pour moi ; mais un matin , par la fenêtre de leur chambre , elles me firent voir un grandiffime papier , fur lequel étoient écrits ces quatre mots :

HIER XVII, EST MORTE MADAME LA MARQUISE DE POMPADOUR.

Je laiffai paffer plufieurs jours, pour voir fi l'on ne viendroit pas délivrer les prifonniers que cette dame tenoit à la Baftille; car je favois bien que je n'étois pas le feul. Au bout d'un mois, voyant qu'il n'y avoit rien de nouveau, j'écrivis à M. de Sartines: « que madame la marquife de Pom» padour étant morte le dix-fept du mois » d'avril, felon l'autorité des loix, l'inno» cence de ma faute, fa trop longue ex» piation; la liberté devoit m'être rendue ; » & que je le fuppliois en grace fur-tout, » de vouloir bien confidérer la longueur » du temps que je fupportois ma capti» vité, injufte & barbare d'après mon in» nocence! » Comme M. de Sartines avoit expreffément défendu à tous les officiers, chirurgiens, porte - clés, d'inftruire les prifonniers de cette mort; il vint à la Baftille, me fit defcendre à la falle du confeil, & me dit : « Je veux abfolument favoir » quelle eft la perfonne qui vous a appris » cette mort ». Je n'eus pas le temps de la réflexion, car je lui aurois répondu que :

« la nuit du dix-sept avril, j'avois été telle-
» ment préoccupé, & à diverses reprises,
» de cette nouvelle, & tourmenté même
» par cette idée, que je me l'étois persua-
» dée, que je l'aurois parié, & que l'aveu
» de son interrogation, confirmoit ma
» croyance ». Mais pris à l'improviste, je
lui répondis tout naturellement, « que
» j'étois honnête homme, & que j'aimerois
» mieux qu'on m'arrachât le cœur que de
» trahir, & d'avoir la lâcheté de payer
» d'ingratitude la personne qui m'avoit
» donné cette nouvelle. —— Eh bien! me
» dit-il, puisque c'est ainsi, je ne vous
» rendrai votre liberté, que quand vous
» me l'aurez nommée ». Il insista, je per-
sistai, & fus constant dans mon refus, &
préférois sans balancer la continuation de
mon emprisonnement à l'ingratitude & à
la perfidie. M. de Sartines enfin fut très-
mécontent de mon genre de probité; je
doute cependant qu'aucune personne honnête puisse me blâmer, ou approuver la conduite de M. de Sartines en cette occa-

fion. A fa place , & tout homme d'état que j'euffe voulu être, il me femble que fi j'euffe fait une femblable queftion, j'aurois jugé le prifonnier, même de quinze ans, qui auroit trahi fon bienfaiteur, indigne de jouir jamais de la liberté qu'il me demandoit; & que j'aurois au contraire donné des louanges à celui qui auroit eu le courage de réfifter à mes offres, & à mes menaces, telles intéreffantes ou terribles fuffent-elles pour lui.

Quoi qu'il en foit, je continuai à le folliciter vivement. J'écrivis lettre fur lettre à M. de Sartines; mais fans aucun fuccès. On me donnoit à la vérité quelques foibles efpérances; mais la manière dont on me les donnoit, & les intervalles auxquels elles m'étoient tranfmifes, me faifoient affez juger combien elles étoient illufoires!.... A mefure que mes efpérances s'évanouiffoient, mon efprit s'aigriffoit davantage: & de refter prifonnier, fans aucune partie du moins que je connuffe,

me fit mettre, fans doute involontaire-
ment, moins d'humilité & de ménage-
ment dans mes réclamations. Enfin aliéné
un jour par le défefpoir, je m'échappai à
écrire une lettre injurieufe à M. ne Sartines. Lettre fatale !... Lettre écrite dans
un moment d'égarement ; qu'un cœur généreux eût fans doute pardonnée, & qui
fut cependant la caufe de tous les malheurs
qui m'ont depuis accablé.

Mais quel homme peut être affez maître
de lui-même pour étouffer dans tous les
inftans de fa vie l'indignation que produi-
fent néceffairement des tourmens renaif-
fans fans ceffe, & auffi injuftes que pro-
longés. J'ai fans doute été imprudent, in-
confidéré : j'ai eu tort de céder à un mouvement d'impatience trop violent : de cho-
quer un homme qui me tenoit en fa puif-
fance, quelque inique qu'il fût envers moi.
Mais enfin, je n'ai à rougir d'aucun crime ;
mon cœur eft pur, ma confcience eft
en paix.

Cette malheureuſe lettre rendit M. de Sartines furieux contre moi : il me fit mettre ſur le champ dans le cachot de la tour nommée la Baſſinière, au pain & à l'eau.

Il y avoit déjà plus de quinze ans que j'étois à gémir dans la Baſtille ; & les Officiers, qui ſont des hommes humains, n'étoient pas trop fâchés que j'euſſe eu le courage de reprocher à M. de Sartines ſa cruauté : & comme il ne manquoit pas tous les mois d'y aller faire parade de ſa puiſſance, il s'en apperçut ; & pour ne pas laiſſer ſans ceſſe ſous les mêmes yeux une preuve de ſa barbarie, la nuit du quatorze au 15 du mois d'Août 1764, veille de l'Aſſomption, à minuit préciſes, on vint me chercher au cachot ; on me conduiſit au Gouvernement : là on me chargea de chaînes de toute eſpèce. On me porta dans un fiacre ; & en ſortant de la ſalle du Gouvernement, l'Exempt, qu'on nomme Rouillé, dit aux Officiers « qu'il alloit me » conduire dans un couvent de Moines ,

" pour prendre l'air petit-à-petit pendant
" deux ou trois mois, au bout defquels on
" me rendroit la liberté ". Cet Exempt, non
content de m'avoir chargé de fers avant
que le caroffe partît, me paffa encore une
autre chaîne au cou ; & l'on fit paffer l'autre
bout fous le pli de mes genoux. Au premier coup de fouet que le cocher donna à
fes chevaux , le Recors, qui étoit dans le
caroffe à côté de moi, mit une de fes mains
fur ma bouche, & l'autre derrière ma tête.
Le fecond Recors , qui étoit devant moi
aux côtés de l'Exempt, tira la chaîne fi ru-
dement , & l'autre pouffa ma tête d'une
telle violence, que je crus qu'ils m'avoient
caffé les reins , & qu'ils alloient m'étouffer,
& me jeter dans la rivière. Mon vifage
étoit précifément entre mes genoux, &
l'on me conduifit dans le Donjon de Vincennes, où je fus jeté dans une cachotière.

Je fais que les Officiers des prifons roya-
les font forcés, malgré eux, d'exécuter les
ordres qu'on leur donne ; & j'ofe dire que,

pendant un temps infini, chaque morceau de pain ou verre d'eau que j'avalois, je croyois que ce feroit le dernier. Ah !.... on a bien raifon de dire que l'attente de la mort eft plus affreufe que la mort même. Je me croyois un homme perdu fans ref-fource ; mais heureufement pour moi que le Lieutenant de Roi, M. Guyonnet, étoit un homme d'honneur & d'humanité. Il venoit très-fouvent me voir ; je lui racon-tois toutes mes avantures, toutes mes in-fortunes. Il en fut extrêmement touché, & me protefta qu'il alloit travailler pour moi de toutes fes forces : ce qu'il fit ; car voyant l'injuftice affreufe dont M. de Sartines m'ac-cabloit, avec cette ardeur qui caractérife une ame fenfible & généreufe, il vint à bout de me tirer de la cachotière où j'étois malade ; mais il parvint même à me faire accorder deux heures de promenade par jour dans le foffé, à la garde de deux fu-filiers & un Sergent, qui reftoit à la porte avec une autre Sentinelle.

Il y avoit déjà vingt mois que mon ennemie étoit morte, & deux que je jouiffois
de cette promenade, quand le vingt-trois
Novembre 1765, fur les une heure du foir,
dans le temps que j'y étois, il s'éleva un
brouillard fort épais. Je dis en moi-même,
il ne faut pas que je perde cette belle occafion d'échapper : & ayant monté la rampe
du foffé , étant entre deux Fufiliers , &
derrière le Sergent, je demande à celui-ci :
« Comment trouvez-vous le temps ?--Mon-
» fieur, fort mauvais ! Et moi, repris-je,
» je le trouve fort bon pour échapper ».
Sur le champ, avec mes coudes, j'écarte
les deux Sentinelles qui étoient à mes côtés
d'une telle force, qu'il fontl'un mi-tour à
droite, & l'autre à gauche; je pouffe fi ru-
dement le Sergent, qu'il tombe fur le nez,
& paffe à côté du troifième Sentinelle qui
étoit au bout du pont-levis; & me voilà
dans la cour du Gouvernement, fuyant de
toutes mes jambes. Le Sergent fe relève,
& lui, & fes trois Sentinelles, fe mirent à
courir après moi, en criant : *arrête, arrête,*

arrête. J'enfile la cour royale qui étoit pavée de monde allant & venant; & pour empêcher que perſonne ne m'arrêtât, je me mis à crier comme ces quatre Soldats: arrête, au voleur, arrête : & avec ma main, je faiſois des ſignes que le voleur fuyoit devant, & le brouillard m'étoit fort utile : car de tous ceux qui étoient autour de moi, il n'y avoit que ceux qui pouvoient me voir qui ſe miſſent à crier comme moi : arrête. De ſorte, qu'à la tête de tous ces criards, & par la faveur de cet heureux brouillard, je traverſai toute la cour royale; mais ici il fallut changer de note. Une ſentinelle s'étoit poſté au milieu de la porte, qui n'a pas deux toiſes de large, avec la bayonnette au bout du fuſil. Comme ce même homme m'avoit gardé un grand nombre de fois en allant me promener, il me connoiſſoit, & me dit : « Ar
» rêtez, Monſieur, où je vous paſſe ma
» bayonnette au travers du corps. Je me
» modérai, en diſant : « O Chémé! (c'étoit
» le nom de la Sentinelle) vous n'êtes pas

» affez méchant pour tuer un homme qui
» ne vous a jamais fait de mal, & que vous
» connoiffez. » En même temps j'écarte &
faifis fa bayonnette & fon fufil, & le fecoue
fi fort, que je le fais tomber par terre. Je
pris ma courfe tout armé, & j'entrai dans
le bois du parc pour me cacher aux regards
de tout le monde; enfuite je jetai le fufil,
& fis un demi-tour à droite; & toujours
en courant, j'eus bientôt rencontré la muraille du parc. Je l'efcalade, & faute dehors; & à cinquante ou foixante toifes, je
me cachai dans le premier lieu où je crus
ne pouvoir être découvert jufques à la nuit
clofe que j'entrai dans Paris.

Je fus tout droit chez les deux Demoifelles auxquelles j'ai dit que j'avois jeté mon
paquet de papiers du haut des tours de la
Baftille. Par un mot d'écrit pour elles, qui
étoit dedans, je les avois prié d'aller porter
ces papiers à un de mes amis, nommé la
Baumelle, connu pour avoir critiqué la
Henriade de Voltaire : je leur demandai

ce

ce qu'elles en avoient fait : elles me répondirent qu'on leur avoit dit que M. de la Beaumelle étoit dans le pays étranger, & que depuis plus de quinze mois, ne me voyant plus promener fur le haut des tours de la Baftille elles m'avoient cru ou forti de captivité, ou mort; & qu'elles les avoient brûlés. En un mot, je vis que ces deux Demoifelles avoient beaucoup plus de fenfibilité que d'efprit; car il eft évident que fi ce meffage eût été entre les mains d'une perfonne un peu intelligente, entre les mains enfin d'une Madame Legros, que nous aurons occafion de connoître par la fuite, elle feroit venue à bout, & peut-être alors en peu de temps, de me tirer des griffes de mon nouvel ennemi ; la première étant morte peu de tems après que je leur eus jeté ce paquet.

M. de Sartines favoit, pour mon malheur, que j'étois protégé par feu M. le Maréchal Duc de Noailles, père de celui d'aujourd'hui, qui vivoit alors, par M. de

Silhouette, &c. Et moi je n'ignorois pas
que mon évafion ne dût le jeter dans de
grandes inquiétudes. J'étois alors âgé de
quarante ans, & j'échappois pour la troifième fois d'une captivité de dix-fept, dans
la dernière defquelles fur-tout j'avois fouf-
fert des tourmens au-deffus de toute ex-
preffion. Je foupirois cependant plus après
le repos qu'après la vengeance, qui auroit
pu m'attirer de nouveaux malheurs encore:
& comme un honnête homme commence
toujours par la douceur & la modération
pour accommoder les affaires, afin de mettre fon ennemi dans fon tort, le lendemain de mon évafion, j'écrivis à M. de
Sartines pour le raffurer, & lui protefter
que je ne ferois pas une feule démarche,
que je ne dirois point une feule parole
qui pût lui déplaire, ou ternir fa réputa-
tion. Malgré cela, il n'en avoit pas moins
pris la réfolution de me perdre. Il prévint
en conféquence les Miniftres contre moi:
il fut lui - même chez M. le Comte de la
Marche, aujourd'hui Prince de Conti,

chez M. le Maréchal Duc de Noailles ; il envoya des Exempts à Petit-Bric, maifon de campagne de M. de Silhouette. Il lui écrivit que c'étoit à fa recommandation qu'il m'avoit accordé des adouciffemens, dont j'avois abufé, &c. Nota, que cela n'étoit point : néanmoins cela me porta des coups mortels, tant a de force le droit ou le pouvoir de calomnier.

De mon côté je n'étois pas moins intrigué que lui, voyant qu'il vouloit abfolument me perdre.

Je fus chez un de mes amis, les Chevalier Méhégan, qui a un frère Brigadier des Armées du Roi ; je viens d'apprendre qu'il eft mort : c'étoit un homme d'efprit. Je lui racontai mes malheurs. « Comment, » dit-il, c'eft vous qui avez échappé du » Donjon de Vincennes ? Oh ! je vous » dirai, mon cher ami, que M. de Sarti- » nes, & le frère de la Marquife de Pon- » padour, (tout le monde a connu le peu

» d'efprit, & la brutalité de caractère de
» ce marquis de Marigny) » font dans une
» peine extrême à votre égard. Je fais très-
» certainement que tous les Exempts, tous
» les Commiffaires , tous les Recors, tous
» les Infpecteurs de Police , en un mot,
» je fais qu'ils vous font chercher dans tout
» Paris par trois mille perfonnes. De plus,
» ils ont promis mille écus à celui qui leur
» donnera votre adreffe : on a envoyé votre
» fignalement à toutes les Maréchauffées
» de France pour vous arrêter.

On ne craint point un coquin, même
un fcélérat, auquel on n'a fait que le mal
qu'il mérite. Ceux-ci fuient la juftice, &
moi je la recherchois : & voilà précifément ce que M. de Sartines & le Marquis
de Marigny craignoient tant que je ne
trouvaffe un moyen , un débouché ; &
c'étoit à caufe de cela juftement que M. de
Sartines étoit allé chez M. le Comte de
la Marche, chez M. le Duc de Noailles ,
chez M. de Silhouette, pour les empêcher

de me tendre une main fecourable ; ce à
quoi il ne réuffit que trop bien. Enfin, le
Chevalier de Méhégan me dit : « Perdu
» pour perdu, je vous confeille d'aller à
» Fontainebleau où eft le Roi, de vous
» jeter à fes pieds, & de lui demander
» juftice ». En conféquence, j'écrivis au
Miniftre de la guerre, & je lui donnai ma
parole d'honneur « que je ferois chez lui
» le 18 Décembre 1765, & que je le fup-
» pliois en grace de ne point me faire ar-
» rêter avant de m'avoir accordé un mo-
» ment d'audience ; qu'enfuite, s'il me l'or-
» donnoit, je me rendrois moi-même en
prifon : malgré tous les gens poftés pour
m'arrêter, j'arrivai dans fon appartement
un jour plutôt que je n'avois promis ; c'eft
à-dire, le 17. Dès l'inftant que je me fus
fait annoncer, il me fit arrêter à côté de
fon Suiffe, fans vouloir me permettre de
dire une feule parole. Je fus garotté avec
des cordes ; on me mit dans un caroffe, &
je fus conduit tous droit dans le Donjon
de Vincennes, où je fus jeté en arrivant

F 3

dans le cachot noir. En entrant dans ce lieu, je ne pus m'empêcher de m'écrier, hélas !... Est-ce donc ainsi qu'on rend juftice à l'innocence !... A ces mots un Porte-clés, nommé Monchalain, me dit d'une voix rébarbative : « On ne fauroit trop » vous accabler... Vous êtes la caufe qu'on » a pendu le Sergent qui vous gardoit ».

Oui cela eft vrai ! fi j'avois vu mettre le feu à un brâfier, pour y faire rougir plufieurs paires de tenailles pour m'arracher les entrailles. Oui.... oui, cette terrible vue n'auroit pas fait une auffi cruelle impreffion fur mon cœur, que cette affreufe parole, que je crus véritable. Je perdis connoiffance, ne fentant aucun de mes maux perfonnels ; je tombai fur ma poignée de paille, & pendant plus de deux mois, il me fut impoffible de prendre un moment de repos. Dans l'obfcurité de ce cachot affreux, je n'avois devant les yeux, fans ceffe, que ce fergent ! Il étoit innocent, car il avoit fait tout ce qui étoit en fon pouvoir pour m'arrêter ; & ce n'étoit nullement de fa faute fi j'étois & plus adroit & plus vigoureux que lui ; & à tout inftant, grands Dieux !.... je le voyois monter à la potence.... Je voyois l'officier des hautes-œuvres lui arracher la vie.... puis couper la corde, & le laiffer tomber comme un fac de terre.... Ah ! quel fpectacle, bon Dieu ! pour un honnête homme , que d'avoir fans ceffe devant les yeux , un pauvre malheureux qu'il a fait pendre.... Oui, j'ofe dire que toutes les furies de l'enfer n'auroient pu ajouter quelque chofe à mon martyre. Que fi depuis l'inftant qu'on m'eut dit cette abominable fourberie, il eft entré dans ma bouche un morceau de pain, un verre d'eau ; je ne prenois cette trifte nourriture, que dans l'efpérance que Dieu me feroit un jour la grace de venger la mort de cet innocent. Et comme je ne pouvois le bannir de ma vue, infailliblement j'aurois perdu l'efprit ; je ferois devenu enragé comme ce pauvre d'Alègre , fi Dieu , touché de ma peine, n'eût eu pitié de moi de la manière fuivante :

Nuit & jour je faifois des cris épouvantables !.... Dieu.... oui Dieu donna la hardieffe à une fentinelle, nommé Ar..... Lorrain, de s'approcher de la porte de mon cachot, à minuit précifes : Et ce ce brave homme me cria le plus bas qu'il le put : « Monfieur, ne vous défefpérez
» pas, Dieu aura pitié de vous, il mettra
» fin à votre peine. —— Ah ! mon ami !
» lui dis-je, il n'eft plus poffible de mettre
» fin à ma peine..... Jamais je ne pourrai
» oublier que fuis la caufe que ce pauvre
» Vielcaftel a été pendu ! —— Que me di-
» tes-vous, reprit-il, Monfieur? que vous
» êtes la caufe qu'on a pendu Vielcaftel,
» notre Sergent ?..... Oui. —— Eh ! Mon-
» fieur, on vous a trompé, il eft aujour-
» d'hui de garde au Donjon. Il eft bien
» vrai qu'il a été mis au cachot avec les
» autres fentinelles qui vous gardoient ;
» mais le lendemain de votre arrivée, on

» leur a rendu leur liberté , &c. ».

Si la douleur me fit perdre connoiſſance, la joie m'ôta la parole ; tous les organes de mon corps ſe dilatèrent. Ma bouche s'ouvrit, je ne pouvois plus la fermer. Je me jettai ſur la terre ; je la preſſai de mes bras, en y appuyant ma bouche..... Je la baiſois, comme ſi cette terre eût été les pieds, le corps de Dieu même, en reconnoiſſance de la grande grace qu'il venoit de me faire. Car, je ſerois devenu enragé ſi j'étois reſté encore un mois dans un état ſi terrible.

Oui, ſi on m'avoit dit : on vient d'aſſaſſiner votre père, votre mère, n'y ayant point de ma faute ; à la longue, il auroit été poſſible que je me fuſſe conſolé de ce malheur, tel douloureux m'eût - il paru d'abord. Mais jamais !.... au grand jamais, je n'aurois pu avoir un moment de repos, ni me conſoler d'avoir été la cauſe qu'un brave homme, qu'un innocent eût été pendu. C'eſt une épine qu'il eſt impoſſible d'arracher du cœur d'un homme de probité ; & j'oſe dire que Cicéron, Démoſ-thènes, & J. J. Rouſſeau, avec toute leur éloquence, ne pourroient peindre la cen-tième partie des maux que je ſouffris. On ne devroit pas permettre de pareilles four-beries, capables de faire étrangler un homme ſenſible, ou qui n'auroit point de religion ; ou tout au moins de le faire de-venir enragé. S'il eſt permis d'ôter la vie à un criminel dans les ſupplices, je ne crois pas permis de la lui prolonger dans de pa-reilles cruautés.

Le neuf juillet 1777, un gentilhomme de mes amis, dîna avec M. Boucher, pre-mier ſecrétaire de M. le Noir, lieutenant général de police ; il y fut queſtion de moi ; & ce ſecrétaire lui dit : ſavez-vous combien ce Monſieur a déjà coûté au roi ? deux cents-dix-ſept mille livres. Or, d'a-près l'injuſtice affreuſe dont il eſt démontré que je ſuis la victime ; car on a violé dans

ma perſonne toutes les loix divines & humaines ; je ne crois pas qu'aucun tribunal
de juſtice pût me refuſer de me faire donner, en dédommagement, par mes perſé-
cuteurs vivans, ou ſur les biens de ceux
qui ſont morts, la même ſomme qu'ils ont
fait dépenſer injuſtement au roi pour me
faire périr.

Fin de la ſeconde Partie.

TROISIEME PARTIE.

A LA mort du roi Louis XVI, arrivée le dix mai 1774, il y avoit vingt-cinq ans que j'étois dans les prifons. L'année fuivante, M. de Malsherbes, miniftre, & M. Albert, lieutenant général de police, vinrent vifiter tous les prifonniers du donjon de Vincennes : j'eus le bonheur de les voir. M. de Malsherbes fut le premier à me promettre de me rendre la liberté au premier jour. Il eut la bonté de s'informer fi j'avois de quoi vivre en fortant d'une aufli longue captivité. Quelques jours après, il m'envoya demander, par M. de Rougemont, lieutenant de roi, un mémoire des hardes dont j'avois befoin pour ma fortie. M. Amelot remplaça bientôt ce refpectable miniftre; mais à la place de M. Albert, ce fut hélas ! M. le Noir qui fut fait lieutenant de police.

M. de Saint-Vigor, contrôleur général de la maifon de la reine, s'adreffa à M. Amelot, pour folliciter ma fortie. Ce miniftre me la rendit bientôt. L'exempt m'en apporta l'ordre le cinq juin 1777, m'enjoignit de me rendre chez M. le Noir, pour parler à ce magiftrat, qui m'indiqua lui-même l'endroit où je devois toucher l'argent que me devoit envoyer ma famille. Le lendemain, je me rendis à l'hôtel de la police. J'affurai M. le Noir de mon refpect, & lui demandai la permiffion d'aller à Verfailles pour remercier le miniftre qui avoit délivré l'ordre de ma fortie, & M. de Saint-Vigor, qui avoit bien voulu la folliciter. Ce magiftrat me l'ayant accordée, je me rendis d'abord chez M. de Saint-Vigor, qui m'envoya chez M. Amelot, en me recommandant de demander M. Riviere, commis de ce miniftre, & M. Robinet, premier commis, qui me dit que ma famille defiroit ardemment de me voir, que je lui devois bien cette fatisfaction , en me rendant au plutôt à fes defirs.

M. Riviere m'introduifit lui-même dans l'appartement de ce miniftre ; mais comme il étoit à s'entretenir avec un ambaffadeur, je ne pus lui faire mes remerciemens de la grace qu'il m'avoit accordée. Le lende-main , je me rendis de nouveau chez M. Riviere, pour le prier de me faire ob-tenir une audience de M. Amelot, afin de lui parler de mes affaires. J'eus l'hon-neur d'entretenir ce miniftre, & de lui remettre quelques-uns des projets que j'a-vois fait pendant ma captivité, & dont j'avois appris, depuis ma fortie, qu'on s'étoit fervi. Je le priai de vouloir bien les examiner , & de me dire enfuite ce qu'il en penferoit. Après les avoir lus at-tentivement, il me dit, en parlant de mon projet militaire , que s'il étoit vrai que j'euffe rendu ce fervice, & que je n'en euffe point été récompenfé, il lui paroif-foit équitable que je le fuffe ; & que pour cela, je devois préfenter au roi un placet.

Je touche au plus douloureux des inftans de ma vie. J'en frémis encore en y
penfant; je vais rappeler le moment où
toutes mes efpérances s'évanouirent, in-
diquer le jour, où repouffé au fonds de
l'abìme que j'avois fu franchir , je le vis
pour jamais refermé fur ma tête.

Je m'étois fait une loi de foumettre à
M. Riviere le placet que je me propofois
de préfenter au roi & au miniftre, qui le
trouva bien. M. le Prince de Beauveau,
capitaine des gardes, à qui j'eus l'honneur
de demander permiffion de préfenter mes
papiers, eut auffi la bonté d'approuver
tout ce qu'ils contenoient, & de les figner
felon l'étiquète. Il m'inftruifit que je devois les préfenter au roi à la porte de la
chapelle, quand il iroit à la meffe. Ce
prince exigea même de moi un récit exact
de toutes mes avantures, & l'écouta, j'ofe
le dire, avec le plus grand intérêt; je re-

mis enfuite mes papiers à Sa Majefté. Au bout de douze jours , quand j'allai demander la réponfe de mon placet, le miniftre , auparavant fi difpofé en ma faveur , ne me fit qu'un accueil froid & réfervé , qui, je l'avoue, me fit concevoir un trifte preffentiment de nouveaux malheurs. Pour toute réponfe, on m'enjoignit de retourner promptement dans ma province. J'obtins un délai de huit jours , pour me munir des chofes qui m'étoient néceffaires , & je retournai à Paris le dix juillet. Je me rendis , fur une lettre d'invitation du lieutenant général de police, à l'hôtel de ce magiftrat : j'en reçus un ordre précis de retourner dans ma province; je lui promis une prompte obéiffance , & en effet je pris le lendemain le coche d'Auxerre.

Le 15 Juillet, j'étois à quarante-trois lieues de Paris, à S. Brien , deux lieues au-deffus d'Auxerre, véritable route de l'endroit où il m'étoit ordonné de me

rendre

rendre; un coup de foudre m'auroit moins frappé que ne le fit la vue d'un Inſpecteur de Police, nommé Marais, qu'on avoit envoyé en poſte ſur mes traces. Il m'arrêta, me fit reprendre la route de Paris; me conduiſit dans la priſon du petit Châtelet, où je fus mis au ſecret. Trois jours après, le Commiſſaire Chenon père, vint ſe ſaiſir de tous mes papiers, parmi leſquels on n'en trouva ſans doute aucuns contre la Religion, le Gouvernement & les loix. Le premier Août 1777, du petit Châtelet je fus transféré à Bicêtre, & jetté dans un cachot à dix pieds ſous terre. On ne daigna pas m'inſtruire du prétexte d'une détention auſſi inattendue, auſſi rigoureuſe; on ſe contenta de me dire avec brutalité, en me renfermant dans mon cachot, que je ferois roué de coups de bâton, ſi j'oſois écrire à M. Amelot.

Cet événement, joint aux circonſtances qui l'ont précédé, accompagné & ſuivi, a toujours été pour moi une énigme in-

G

compréhenfible, quelques efforts que j'aie faits pour en pénétrer la caufe. L'ame la plus dure ne pourra, je crois, s'empêcher de convenir que la faute de jeuneffe qui avoit occafionné ma première détention, n'eût été fuffifamment expiée par vingt-fept années de captivité. Cette faute d'ailleurs étoit en effet pardonnée, puifqu'on m'avoit accordé mon élargiffement ; & il eft certain, & fera par la fuite avéré, que, depuis le 6 Juin, époque de ma liberté, jufqu'au 25 Juillet qu'elle me fut de nouveau ravie, ma conduite avoit été parfaitement innocente, & mes propos circonf-pects, jufqu'au filence le plus exact. Pourquoi donc M. Amelot, qui m'avoit paru favorablement difpofé lors de ma première vifite, me fembla-t-il tout-à-fait refroidi la feconde ? Pourquoi me donner l'ordre de quitter Paris & de retourner dans ma province ? Pourquoi enfin, dans le moment où j'exécute ponctuellement cet ordre, me faire arrêter à quarante-trois lieues de Paris ? & pourquoi, fur-tout, faire enfermer un homme, auquel on ne pouvoit reprocher aucun crime, dans un cachot fouterrein de Bicêtre ?.... Séjour affreux, qui n'a jamais été deftiné qu'aux plus grands fcélérats, fouillés des plus noirs forfaits, & auxquels des raifons politiques ont voulu fauver les derniers fupplices.

La lettre choquante que j'avois adreffée à M. de Sartines étoit-elle ignorée de M. Amelot lorfqu'il m'accorda ma liberté ? lors même de ma première vifite ?... En auroit-il été informé depuis par M. de Sar- tines ; & feroit-ce pour fe venger encore de cette lettre que ce Lieutenant de Police, devenu Miniftre de la Marine, auroit fol- licité ma nouvelle détention ? Il n'eft pas vraifemblable que M. de Sartines, fans autre motif, eût pouffé auffi loin le reffen- timent d'une offenfe déjà très-ancienne, déjà expiée, & dont le défefpoir feul dans lequel il m'avoit plongé lui-même, avoit été l'unique caufe, & ce motif ne paroît pas fuffifant pour expliquer une auffi grande rigueur. Mais j'avois été traité de lui avec beaucoup de cruauté, & je puis dire d'injuſtices; il n'ignoroit pas d'ailleurs que je ſerois tenté de le faire, & il paroît plus probable que voilà le véritable crime qui a occaſionné mon nouveau malheur, & qui a fait deſirer à M. de Sartines & à ſon ami M. Lenoir, de me ſouſtraire à tous les regards, & à m'enſevelir dans l'oubli le plus profond; voilà ce qui les a engagés à faire choix d'un cachot ſouterrein de Bicêtre pour me ſervir de priſon ou plutôt de tombeau; & cette explication eſt la ſeule qu'on puiſſe donner à un choix qui, ſans elle, ne pourroit certainement paroître qu'abſurde & inconcevable.

Si cette explication avoit beſoin de confirmation, elle la recevroit de la bouche de M. Lenoir lui-même, qui ne pouvoit cet hiver s'empêcher de témoigner aux perſonnes qui ſolliçitoient mon élargiſſement, les craintes qu'il avoit que *je n'écriviſſe*; & qui ne ceſſoit de leur répéter que s'il me lâchoit une fois, je ne manquerois pas *d'ecrire* auffi-tôt que je ferois en liberté.

Au refte, j'ai été tellement oublié dans ce cachot, que j'y ai paffé fix années fans avoir un feul juge, ni avoir été interrogé une fois; & que le feul interrogatoire que j'aie fubi, eft du 21 Avril (1783) dernier.

INTERROGATOIRE.

M. Lenoir. Votre tête eſt elle raſſurée ? de tems en tems n'avez - vous pas encore de petites folies.

Latude (avec étonnement). Je n'ai jamais donné de preuves d'avoir perdu l'eſprit.

M. Lenoir. J'ai lu vos lettres.

Latude. Les avez-vous lues en ma préſence ?

M. Lenoir. Non.

Latude. Mais il n'eſt pas permis de punir uu homme ſans entendre ſa défenſe.

M. Lenoir. Mais vous avez échappé de la Baſtille, de Vincennes ; ce ſont là des folies.

Latude. Si vous appellez folies des traits d'eſprit , cela eſt différent ; mais je ne crois pas que perſonne au monde , ni aucun de ceux qui ſont ici à m'écouter , penſe qu'il y ait de la folie à échapper de ces redoutables demeures (il y avoit trente perſonnes préſentes) , il faut au contraire avoir une bonne tête , & l'eſprit très-préſent , pour réuſſir à de pareilles opérations (Tous ceux qui m'écoutoient , ont dit : ma foi il y a plus d'eſprit que de folie).

M. Lenoir, avez-vous cherché à échapper decette maiſon ?

Latude , non Monſieur.

M. Lenoir. Et pourquoi ayant échappé des autres maiſons , n'avez-vous pas eſſayé à échapper de celle-ci ?

Latude. J'ai échappé des autres priſons , parce que j'avois à faire à une Partie qui n'entendoit ni rime ni raiſon; mais , dans cette maiſon , j'ai toujours eſpéré qu'on me rendroit la juſtice qui m'eſt due.

M. Lenoir. Qui eſt votre Partie ?

Latude. Monſieur , permettez-moi de vous taire ſon nom.

M. Lenoir. Pourquoi ? Vous n'avez qu'à le dire.

Latude. C'étoit Madame de Pompadour.

M. Lenoir. Mais vous avez eu plufieurs traits de folie ?

Latude. Ceux qui vous ont dit cela vous en ont impofé : jamais je n'en ai eu ; & je vous fupplie de vous fouvenir du bon rapport que les Moines de Charenton vous firent, en 1776, de ma bonne conduite, & qu'en conféquence vous me promîtes ma fortie au premier jour. Voilà fix ans que je fuis ici au cachot, à dix pieds fous terre, au pain & à l'eau ; & je demande le premier pour quel crime j'ai fubi un traitement auffi rigoureux ? Or, fi j'avois été affecté de la moindre folie, il eft fans doute que dans ce lieux affreux j'en aurois donné quelque figne ; car, fans les fecours généreux d'une Dame vertueufe, j'y ferois mort de mifère.

M. Lenoir. N'eft-ce pas Madame Roffignol ? (il avoit oublié le nom de la Dame dont il vou-loit parler).

Latude. Non, Monfieur; mais elle m'a envoyé des fecours fur le récit qu'un Prifonnier lui fit de ma trifte perplexité. Or, vous n'avez qu'à demander à M. Triftan que voilà, à M. le Capitaine, à M. le

Lieutenant, fi depuis fix ans que je fuis ici , j'ai donné le moindre fujet de plainte. (Ces Meffieurs répondirent unanimement que non , & M. Triftan ajouta même que M. le Chevalier s'intéreffoit au fort de Latude). Un fou n'eft pas toujours maître de fa tête ; fi je l'étois , préfentement que je fuis en votre préfence , & celle de tant de perfonnes refpectables qui vous entourent , il eft hors de doute que je vous aurois lâché quelques extravagances ; je ne crois pas que j'aie proféré une feule parole qui puiffe faire juger que j'aie perdu l'efprit.

M. Lenoir. Non ; mais votre liberté vous a été rendue.

Latude. Oui , Monfieur , le 6 juillet ; & je vins vous remercier & vous demander la permiffion d'aller à Verfailles pour remercier le Miniftre & M. de Saint - Vigor , Contrôleur - Général de la Maifon de la Reine , qui l'avoit follicitée. Ce Monfieur étoit un bon ami de feu mon père ; il me dit de m'adreffer à M. Rivière , Commis de M. Amelot, qu'il étoit inftruit, & me diroit tout ce que j'avois à faire. Or , il eft évident que j'ai fuivi tous fes bons confeils au pied de la lettre pendant quarante jours que j'eus m'a liberté. Il eft conftant que je ne proférai pas une parole qui pût déplaire à perfonne ; & néanmoins , malgré ma bonne conduite , retournant dans le fein de ma famille , je fus arrêté à quarante lieues de Paris , & mis dans un cachot à Bicêtre ; & voilà la première occafion que j'aie eue de demander pourquoi j'y ai été conduit.

M. Lenoir. Connoiffez-vous vos ennemis ?

Latude. Je ne les connois , ni ne veux les connoître.

M. Lenoir. Mais vous foupçonnez quelqu'un ? (Ceux qui étoient avec M. Lenoir dirent : il faut le dire fi vous les connoiffez , on veillera à votre confervation).

Latude. Puifque vous voulez que je le dife , je crois que c'eft M. de Sartines , votre bon ami , qui me perfécute.

M. Lenoir. Il eft vrai que M. de Sartines eft mon ami ; mais , enfin , où prétendez - vous aller , vos papiers font fous les yeux du Roi.

Latude. S'il n'y a que mes papiers fous les yeux du Roi , je dois bien efpérer , parce qu'ils ne contiennent que des chofes juftes & équitables, & je ne ceffe d'adreffer au ciel des prières pour la confervation de fes jours précieux , & de toute la Famille Royale.

Fin de l'Interrogatoire du 22 Avril 1781.

Tout ce qui suivit ma dernière détention, fut calculé pour épaissir l'obscurité dans laquelle on vouloit ensévelir ma malheureuse existence, & pour écarter le peu de personnes qui pouvoient y prendre part ; & rien ne fut épargné pour me priver de tout appui, & me faire tomber dans un abandon universel.

Un Gentilhomme de mes amis ayant été à l'Hôtel de la Police pour s'informer du crime que j'avois commis, on ne se fit pas scrupule de lui répondre que j'avois été chez une dame de condition pour lui tirer de l'argent, en l'intimidant par des menaces.

Quelque tems après, M. le Président de Gourgues, en faisant la visite de Bicêtre, me découvrit dans mon cachot. Le seul mot de trente-trois ans de captivité le fit frémir, il daigna s'intéresser à mon fort; mais on l'affura que ce laps de tems n'avoit encore pu modérer ni mes emportemens, ni mes violences.

M. le Vicomte de la Tour du Pin, ému d'une femblable compaffion, voulut bien auffi faire quelques démarches en ma faveur auprès d'une perfonne en place; mais on l'écarta, en difant que j'étois détenu par un ordre particulier du Roi. Ainfi, on faifoit des réponfes différentes fuivant l'état & le caractère des perfonnes qui follicitoient ma liberté, & on choififfoit pour chacune celles qui étoient les plus convenables à leur état, & à les diffuader de s'intéreffer davantage à mon fort.

La contrariété de ces réponfes fuffiroit feule pour prouver qu'elles n'étoient que des prétextes inventés pour fe débarraffer de mes follicitations. La fauffeté de la première eft démontrée par cela feul qu'on a ceffé de l'articuler, puifque de toutes il n'y avoit qu'elle qui pût juftifier en quelque forte la rigueur dont on me traitoit.

Il n'en exifte d'ailleurs aucunes traces dans les bureaux de la Police, qui ont été compulfés cet hiver par les perfonnes qui follicitoient ma liberté, & qui auroient ceffé de s'intéreffer à moi, fi jeuffe été coupable d'un crime auffi honteux. Enfin ce qui complette mon innocence, c'eft que M. de Sartines & M. Lenoir font convenus, devant témoins, que ce crime ne m'avoit jamais été imputé ; & l'on voit en conféquence qu'il n'eft fait aucune mention de cette accufation dans l'inter-rogatoire que m'a fait fubir M. Lenoir, le 21 Avril dernier.

A l'égard de la folie & des emporte-mens qu'on m'y reproche, quand j'aurois eu réellement l'efprit aliéné par la longueur & par l'excès des maux ; & quand, dans l'horreur de ma prifon, j'aurois eu le mal-heur de me livrer quelquefois au défefpoir, eft-ce en prolongeant les tourmens qui

m'auroient mis dans cet état, qu'on pré-
tendroit les faire cesser ? Est-ce au fond
d'un cachot souterrain qu'on doit renfer-
mer un homme innocent, dont les longues
douleurs auroient troublé la raison ? Et la
justice & l'humanité ne sont-elles pas éga-
lement révoltées d'un semblable traitement ? Si j'étois effectivement en démence,
ce ne seroit ni à Bicêtre, ni encore moins
dans un cachot que je devrois être ren-
fermé ; mais dans un des asyles destinés au
traitement de cette maladie. Je pourrois en
ce cas réclamer, à bien juste titre, les soins
qui sont dûs à tous les infortunés qui sont
dans cet état ; & j'y aurois certainement
des droits plus incontestable que personne,
puisque ce malheur ne pourroit être que
l'effet des longues rigueurs dont j'ai été
accablé, & auxquelles mon esprit auroit
enfin succombé.

Mais, graces au Ciel, cette imputation
est aussi fausse que la première : j'espère que
la lecture de ces Mémoires, auxquels je ne

mets aucunes prétentions d'Ecrivain, en avouant qu'ils font de moi, fuffira feulement pour convaincre que ma raifon n'eft pas plus égarée, que ma mémoire aliénée : & mon Confeffeur, mes Gardes, les Adminiftrateurs de la maifon où je fuis détenu, & depuis que je fuis forti du cachot, mes Conforts de détention, tous enfin font prêts à rendre témoignage de ma patience & de ma douceur.

Enfin le Ciel ayant accordé un Dauphin aux vœux de la France, le Roi eut la bonté de nommer une Commiffion, qu'il chargea de faire grace à tous les prifonniers qui ne feroient pas prévenus de crimes capitaux. M. le Cardinal de Rohan, Préfident de cette Commiffion, m'entrevit au fond de mon cachot en faifant la vifite de Bicêtre, il prit pitié de la misère extrême dans laquelle j'étois plongé, & me promit d'examiner mon affaire avec les yeux de la juftice & de la compaffion. Il commença à me faire fortir du cachot, en me laiffant

efpérer

espérer qu'il me rendroit bientôt ma liberté; il me rendit au moins la lumière, & me fit mettre, en attendant l'autre, à la chauf- fée de Bicêtre, où je suis encore au pain & à l'eau. Et c'est de ce lieu honteux, où, confondu comme je le suis avec le rebut de la société, que comptant toujours sur l'accomplissement des promesses de M. le Cardinal, j'ai trouvé encore le moyen de faire passer en des mains sûres la première partie des Mémoires que vous lisez.

Quelques personnes considérables en les lisant, furent touchées de l'excès de mes malheurs, & daignèrent solliciter mon élargissement. M. Lenoir ayant appris, ou par elles, ou je ne sais comment, que j'étois sorti du cachot; ayant su les espé- rances que M. le Cardinal m'avoit don- nées, & voyant sur-tout l'éclat que ce Mé- moire commençoit à faire, & l'intérêt qu'il inspire, *se montra disposé à écouter favo- rablement les sollicitations qu'on lui feroit; promit à plusieurs reprises de m'accorder ma liberté ; fit efpérer qu'elle feroit plutôt obtenue par lui* que par le moyen de la Commiffion, & *empêcha* de cette manière *qu'on ne fît des démarches auprès d'elle.*

M. Lenoir, en confirmation de fes pro-meffes, demanda que quelqu'un fe préfen-tât pour répondre de ma conduite. Une Dame charitable s'offrit pour remplir cette formalité. A la vérité cette Dame effrayée des fuites que des gens officieux ne man-quèrent pas de lui faire envifager que cette démarche pourroit avoir pour elle, différa quelque temps de faire les foumiffions qu'on exigeoit. Mais enfin après bien des lon-gueurs & des délais, M. Lenoir, vaincu par de nouvelles inftances, envoya cher-cher cette Dame, lui promit pofitivement ma liberté ; la raffura fur fes craintes, & l'engagea à *donner ce cautionnemant qui fut enfin figné,* & qui exifte dans les bu-reaux de la Police.

En apprenant ces détails, je crus toucher au moment qui doit mettre fin à mes malheurs ; & l'espérance d'une délivrance prochaine, me les faisoit déjà oublier. Mais hélas ! qu'elle est la fatalité qui me poursuit ? & qu'on se représente s'il est possible l'accablement affreux dans lequel me plonge aujourd'hui la triste nouvelle que je reçois, qu'après des espérances bien fondées, des paroles aussi positives, le Ministre refuse de m'accorder ma liberté ; assure que le Roi me regarde comme un homme atroce & dangereux, & déclare que mes longues souffrances n'auront d'autre terme que celui de ma vie.

Quel mystère inconcevable renferme cette funeste déclaration du Ministre, & comment peut-on l'accorder avec les promesses que M. Lenoir n'a cessé de faire aux personnes qui ont daigné le solliciter en ma faveur. S'il est vrai que le Roi ait prononcé ces terribles paroles, qui sont pour moi l'arrêt de la mort la plus cruelle ; s'il est vrai qu'il ait de moi cette idée *d'atroce*, quel compte faut-il qu'on lui ait rendu de ma conduite ? Quel portrait affreux lui aura-t-on fait de moi ?

Le Roi ne connoît ni ne peut affurément connoître les prifonniers qui font détenus en vertu des ordres donnés en fon nom, & ne peut rien favoir de ce qui les concerne, que d'après l'expofé qu'on lui fait de leur caractère & de leurs actions. La juftice & la bonté du Roi étant connues, on peut donc toujours, d'après le rapport qu'il entendra faire d'un prifonnier, prévoir quels ordres il donnera à fon égard : & celui qui lui fait ce rapport, fans qu'aucun contradicteur lui foit oppofé, ni que le prifonnier puiffe être entendu dans fes défenfes, eft donc, pour ainfi dire, le maître de déterminer la volonté du Roi, & lui dicte (fi l'on ofe ainfi parler) en quelque forte fa décifion.

M. Amelot eft perfonnellement auffi peu inftruit de ma conduite que le Roi lui-même, & ne peut rien favoir que par le compte que M. Lenoir lui en rend ; & par conféquent M. Lenoir a déterminé le rapport que M. Amelot fait au Roi de moi, auffi néceffairement que celui de M. Amelot va déterminer la décifion de Sa Majefté.

Comment donc fuppofer que M. Lenoir fût fincère quand il promettoit de m'accorder ma liberté, tandis qu'il étoit réfolu de moi à M. Amelot un compte qui le forceroit de faire au Roi un portrait de mon caractère, qui devoit déterminer Sa Majefté à me retenir à jamais dans la plus trifte captivité.

M. Lenoir pourroit-il donc être en effet fincère, ou s'il ne l'étoit pas, quel pouvoit être le motif de cette diffimulation, & le but qu'il fe propofoit par cette feinte ? …. On fe perd en y penfant ; & mes malheurs font en vérité fi grands & fi extraordinaires, qu'il eft auffi difficile de les comprendre, que de les fupporter.

H 3

S'il eſt poſſible de ſuppoſer que M. Lenoir fût ſincère dans le temps qu'il promettoit de m'accorder mon élargiſſement;
la ſeule cauſe qu'on puiſſe ſoupçonner de
ſon changement de volonté à mon égard,
ne peut s'attribuer qu'à l'endroit vers la fin
de mon interrogatoire, où il m'a, pour
ainſi dire, forcé d'avouer que je croyois
que M. de Sartines étoit mon ennemi ; &
où il déclare lui-même au contraire que
M. de Sartines eſt ſon ami. Mais ſi telle
eſt la raiſon du changement des diſpoſi-
tions de M. Lenoir, & ſi ce ſeul mot prononcé a décidé ma perte, je puis dire que
je ſuis tombé dans un piège bien funeſte,
& que je ſuis puni bien cruellement de ma
ſimplicité.

Je ſupprime la foule des réflexions qui
ſe préſentent, & je demande comment on
a pu me repréſenter comme un homme dangereux & atroce? Comment-on peut ſavoir qu'un homme qui n'a paru qu'un moment dans la ſociété pendant ſon extrême

jeuneſſe : un homme que toutes les perſonnes qui ont pu le voir dans la plus affreuſe des captivités, diſent avoir été pendant toute l'énormité de ce temps le plus
réſigné, le plus patient, le plus doux des
hommes, & ſont prêts à rendre unanimement ce témoignage encore ſatisfaiſant
pour lui.

Il eſt temps de finir ces Mémoires, qui
dans le temps déſeſpéré où je ſuis, ne peuvent qu'accroître encore mes maux, en
me rappelant leur cauſe, leur durée & leur
excès. Ma première faute, quoique repré-
henſible, & que je ſuis bien éloigné de
chercher à excuſer, ne renfermoit du moins
en elle-même aucune intention criminelle :
elle recevroit même une ſorte d'atténua-
tion de mon inexpérience & de ma jeuneſſe ; & ce qu'on peut me reprocher depuis, mérite à peine le nom d'imprudence.

En réparation, j'ai langui douze mille
cent-ſoixante-trois jours dans les différentes

prifons où j'ai été transféré fucceffivement.
De ce nombre de jours, de ces jours dont
chacun femble fi long , couché fur la paille
fans couverture , dévoré par des infectes
dégoutans , réduit au pain & à l'eau pour
toute nourriture , j'en ai gémi trois mille
cent-foixante-fept dans l'humidité & l'in-
fection , dans l'obfcurité des cachots : &
pendant douze cents-dix-huit de ces jours ,
ou plutôt de ces nuits perpétuelles & af-
freufes , mes pieds & mes mains ont été
meurtris & écorchés par les fers dont on
m'enchaînoit.

Le plus grand criminel paroîtroit, fans
doute , déjà trop puni par ces longs tourmens : qu'on compare ma faute à cet énorme
fupplice; & qu'on dife , d'après ce tableau ,
fi l'on peut refufer à mes malheurs une lar-
me de pitié !

EXTRAIT

Du Mémoire de M. de Comeyras.

C E S T à l'occaſion de la naiſſance de Mon-
feigneur le Dauphin , & lorque le Roi a
nommé cette Commiſſion , dont l'objet eſt
de faire grace aux coupables qui n'ont pas
commis des crimes capitaux , que M. le
Cardinal de Rohan, qui la préſide , ayant
été autoriſé à ſe faire ouvrir toutes le priſons, trouva le malheureux DE LATUDE
dans la ſienne à dix pieds ſous terre, couvert de lambeaux, une barbe d'un pied &
demi de long , n'ayant pour lit que de la
paille , du pain & de l'eau pour alimens.
Il eut l'humanité de lui faire donner une
demeure plus ſupportable ; & c'eſt à ſa bien-
faiſance , & à celle d'un grand nombre de
perſonnes du premier rang , auxquelles

M. le Cardinal de Rohan a fait connoître son fort, qu'il a dû les aumônes qui l'ont adouci.

¡Un fcélérat noirci des plus grands crimes, les auroit trop expiés par trente-cinq années de captivité, & toutes les barbaries qui l'ont accompagné. Qu'on juge quelle pitié mérite un homme qui n'a fait qu'une faute qui n'intéreffoit ni le Roi ni rien de ce qui touche à fa perfonne, ni l'état, ni la fociété; une faute, dont les motifs n'a-voient rien de criminel, que fa jeuneffe feule excufoit, & que fix mois de prifon au-roient fuffifamment punie.

¡ Il demande aujourd'hui qu'on lui rende fa liberté; mais fes ennemis s'y oppofent encore : ne pouvant calomnier fes actions, ils calomnient fes penfées ; ils le peignent comme un fou, noir, dangereux, ulcéré d'une détention fi longue & fi cruelle, & dont la rage s'exhalera en injures & en libelles, dès qu'il aura la liberté d'en com-

poſer impunément. Hélas ! ils le connoiſſent bien mal ! Agé de ſoixante ans, accablé d'infirmités prématurées, n'ayant
plus que quelques jours languiſſans, ce
n'eſt pas à cette triſte vengeance qu'il les
deſtine. Je n'aſpire qu'à les paſſer paiſible-
ment, ſoit avec ce qu'il pourra retrouver
de ſa famille, ſoit auprès de quelques amis
généreux qu'il doit à ſes malheurs, & qui
le connoiſſent aſſez pour répondre au Gouvernement de tout ce qu'il fera le reſte de
ſa vie........

ADDITION DU MÉMOIRE

LE sieur Latude a enfin obtenu sa liberté le 18 Mars 1784, avec quatre cens livres de pension. C'est un bienfait de M. le Bon de Breteuil. Qu'il soit permis à l'auteur du Mémoire qu'on vient de lire, de faire connoître sa première & plus ancienne bienfaitrice, en lui rendant des actions de graces au nom de cet infortuné.

Une femme, nommée Madame le Gros, sortant de sa maison, rue des fossés Saint-Germain l'Auxerrois, dans le courant du mois de Juin 1781, vit au coin d'une borne un paquet de papiers déjà froissé, & couvert de boue: elle le ramasse, rentre chez elle, & lut ce qu'il renfermoit. C'étoit un Mémoire qui exposoit une partie des malheurs du sieur de Latude, & qui étoit *signé, Henri Masers de Latude , prisonnier à*

Bicêtre, dans un cachot à dix pieds sous terre, & au pain & à l'eau depuis trente-quatre ans.

Ce Mémoire étoit adreſſé à un Préſident de Tournelle ; le malheureux priſonnier proteſtoit de ſon innocence, & demandoit qu'on le transférât à la Conciergerie, & qu'on lui fît ſon procès ſur tous les griefs que pourroient imaginer ſes ennemis.

Que Madame le Gros ait été fortement émue en liſant ce Mémoire : ce n'eſt pas ce dont on la loue. C'eſt l'effet qu'un malheur ſi long, ſi cruel, ſi extraordinaire, auroit produit ſur l'ame la plus commune.

Mais qu'en apprenant le ſort d'un infortuné, avec lequel elle n'avoit jamais eu de liaiſon d'aucune eſpèce, qui n'exiſtoit même pas pour elle quelques heures auparavant, & qui n'avoit pour recommendation que l'excès de ſon malheur, elle ait réſolu de conſacrer ſa vie à lui faire rendre ſa liberté,

& de ne fe repofer qu'après l'avoir obtenue ; qu'elle ait perfifté trois ans entiers fans être un feul inftant ni rebutée, ni effrayée des difficultés, des dégoûts, des dangers mêmes de toute efpèce qu'elle rencontroit. C'eft un acte de vertu & d'humanité qu'il faut d'autant plus admirer, qu'il n'en exifte peut-être pas un fecond exemple.

Elle avoit heureufement un mari qui étoit digne d'en partager le mérite. Il alla chez le Préfident de Tournelle, à qui le Mémoire étoit adreffé, & qui lui dit « qu'il » avoit vu cet infortuné ; qu'il avoit fait » plufieurs démarches pour lui rendre fer- » vice ; mais qu'on lui avoit répondu que » c'étoit un homme dangereux, un fou, » fujet à des accès de rage, tels que trente- » deux ans de captivité n'avoient pas fuffi à les amortir.

En apprenant cette réponfe, & qu'on n'accufoit le prifonnier d'aucun crime ; elle fe douta que fa folie n'étoit qu'un

prétexte inventé pour rebuter fes protecteurs, & empêcher qu'il ne fût fecouru.
Alors elle chercha à pratiquer dans le
château de Bicêtre, quelques perfonnes
par lefquelles elle pût arriver jufqu'à lui.
Elle y réuffit à force de temps & de peines,
& s'en fervit pour lui faire tenir une lettre,
où elle lui marquoit : « J'ai trouvé votre
» mémoire, qui m'a beaucoup attendrie;
» accordez-moi, je vous en prie, votre
» confiance, je ferai tout ce qui eft en
» mon pouvoir pour vous être utile. En-
» voyez-moi un détail bien circonftancié
» de vos affaires, & fur-tout ne me dé-
» guifez rien. Je ne figne pas, crainte
» de quelque malheur ».

Cet infortuné n'étoit pas accoutumé à
trouver tant de pitié dans une inconnue.
Il fe livra à elle fans réferve, malgré le
myftère qu'elle lui avoit de fon nom, &
lui a fait paffer ce qu'elle demandoit. C'eft
fur cette efpéce de cannevas que fon mari
dreffa les mémoires. Après quoi, l'un &

l'autre fe mirent en mouvement pour lui chercher des protecteurs.

On ne dira pas toutes les peines qu'ils eurent pour en trouver. Nés l'un & l'autre de parens honnêtes, mais fans fortune ; ayant pour unique moyen de vivre, ce que le mari gagne à faire des éducations. Ils dérobèrent fur leur plus rigoureux néceffaire, de quoi payer les voitures qui les tranfportoient à Bicêtre, ou dans l'antichambre de ces gens, chez qui le pauvre n'a pas même le droit d'arriver crotté ; ou même à plufieurs lieues de Paris, & partout où ils croyoient pouvoir découvrir des protecteurs à leur prifonnier. On n'en citera qu'un feul exemple.

On avoit dit à madame le Gros, qu'il y avoit une madame du Chefne, femme-de-chambre de Madame, qui en étoit fort bien traitée, & par qui elle pourroit faire parvenir un mémoire à cette princeffe. Elle fit, pendant trois jours, des

courfes

courſes dans tout Paris pour la découvrir :
perſonne ne la connoiſſoit. Elle partit pour
Verſailles, & elle apprit que madame du
Cheſne étoit à Santeny, à ſept lieues de
Paris. Elle y va, & la trouve partie depuis une heure. Alors il fallut revenir à
Paris, la bourſe épuiſée, moitié à pied &
moitié dans les voitures qu'elle rencontroit dans les chemins. Le lendemain elle
retourna à Verſailles, parvint à faire parler
à Madame Ducheſne, & même en rapporta
la promeſſe de préſenter le mémoire de ſon
priſonnier. Elle s'étoit donnée une entorſe
en allant chez cette Dame, & n'en entre-
prit pas moins de revenir à pied à Paris.
Mais après avoir horriblement ſouffert ſur
la route, elle tomba au haut de la mon-
tagne des Bons - Hommes, de fatigue, &
accablée de douleurs, & hors d'état de faire
un pas de plus. On la tranſporta chez elle,
où elle paſſa ſix ſemaines dans ſon lit. Dès
qu'elle put marcher, elle reprit le chemin
de Verſailles avec ſon Mémoire : mais Madame Ducheſne refuſa abſolument de le

préfenter. Elle lui avoua qu'un de fes amis en qui elle avoit toute (1) confiance, lui avoit dit : « de fe bien garder d'impor- » tuner la Princeffe pour un objet de cette » nature : elle ajouta que le meilleur con- » feil qu'elle pouvoit lui donner à elle- » même, étoit de fe tenir tranquille, & de » ne fe plus mêler d'une affaire qui pou- » voit la perdre, fans qu'elle pût être dé- » dommagée du péril qu'elle couroit par » une efpérance un peu raifonnable de » réuffir ».

Ce qui lui arriva alors chez Madame Duchefne, lui eft arrivé cent fois depuis avec des gens bien plus confidérables ; elle

____

(1) On voit à cette réponfe l'air des Bureaux de M. Ame-lot, pris & rendu dans le langage politique & fi cenfé d'un fieur Abbé Chaus, fils d'une Marchande de fils de la rue Mouffetard, devenu propriétaire de la charge de fous-pré-cepteur des Pages du Roi, & Confeiller depuis long - tems de Madame Duch . . . . . courtifan fin & délié, d'une prudence exceffive, & feulement à l'affut des bonnes af-faires qu'il peut lui faire folliciter fans péril.

pénétra jufques à eux avec une patience toujours agiffante, & que rien ne laffoit. Elle
n'avoit aucune peine à les émouvoir; car
tous les premiers mouvemens étoient bons;
mais tous les autres étoient foibles : & tout
fe terminoit par ne rien faire, ou du moins
par ne rien obtenir.

C'eft vers ce temps que naquit Monfei-
gneur le Dauphin. On dit alors à Mme.
le Gros que le Roi inftitueroit à cette occafion un tribunal, dont l'objet feroit
d'examiner les procès de certains coupables, & de leur faire grace quand ils n'auroient pas commis de crime capital.

Elle fongea tout de fuite à y faire comprendre fon prifonnier; pour cela il falloit
intéreffer M. le Cardinal de Rohan, qui
devoit préfider la Commiffion. Elle commença par gagner la femme du Suiffe, en
lui racontant une partie de fon hiftoire.
De là, au bout de quarante ou cinquante
vifites, elle parvint jufqu'au Secrétaire. Il

lui apprit que M. le Cardinal avoit déjà vu le priſonnier ; qu'il l'avoit fait retirer de ſon cachot ſouterrein, & lui avoit fait donner une demeure plus ſupportable, & qu'il venoit même de lui envoyer un ſecours d'argent : qu'elle pouvoit compter qu'il s'intéreſſeroit vivement à lui , & qu'il ſeroit compris parmi les accuſés que la Commiſſion devoit examiner, & dont elle faiſoit expédier la grace.

On ne dira pas comment ce malhéureux priſonnier fut rayé de la liſte où on l'avoit d'abord placé : heureuſement nous n'avons plus à parler que des ſervices que ſa bienfaitrice lui a rendus.

Elle alla le voir dans Cabanon , dès qu'elle apprit qu'il y étoit; elle y retourna tout auſſi ſouvent qu'elle le put, ſans ſe rendre ſuſpecte , & ſans ſe rebuter ni de l'éloignement , ni de la fatigue que le moindre mouvement lui cauſoit , vû qu'elle étoit groſſe, & que ſa groſſeſſe étoit fort avancée.

Il étoit presque nud , & manquoit de tout :
elle lui acheta des bas , des chemises ; elle
lui apporta une robe-de-chambre qui devoit le couvrir chaudement , & qu'elle lui
avoit faite elle-même. Elle y joignoit tout
l'argent qu'elle pouvoit dérober à son plus
étroit nécessaire; & quand il ne lui restoit
plus rien , elle alloit encore le voir , & lui
apportoit du moins des espérances & des
consolations.

Voilà la plus petite partie des choses que
Madame le Gros a faites pour son prisonnier. On l'a appris beaucoup plus de lui
que d'elle : car sa modestie s'obstinoit à
tout cacher , hors les démarches qu'il falloit bien qu'elle avouât , parce qu'elles
avoient tout Paris pour témoin. Heureuse-
ment qu'on trouvera quelques détails qui
manquent , dans une lettre qu'une des plus
respectables protectrices de Mme. le Gros
a écrite à l'auteur de ces Mémoires , & qu'il
va transcrire ici comme le meilleur moyen
qu'il ait pour achever de la faire connoître.

„ J'ai appris, Monfieur, que vous avez
„ demandé à Madame le Gros un mémoire
„ détaillé de tout ce qu'elle a fait depuis
„ trois ans, pour obtenir la liberté du fieur
„ Mafers. D'après les queftions que je lui
„ ai faites fur ce que contient le récit qu'elle
„ vous a envoyé, je vois que fa difcrétion
„ & fa modeftie ne lui ont pas permis de
„ donner à cette bonne œuvre toute fa va-
„ leur, & qu'elle s'eft bornée à vous parler
„ des démarches qu'elle a faites. Témoin
„ depuis plus d'un an de l'activité, du cou-
„ rage, de la générofité, de la conftance,
„ je pourrois même bien dire de l'acharne-
„ ment qu'elle y a mis, & fans lequel elle
„ n'auroit jamais . . . . . . jamais réuffi, j'ai
„ le plus grand plaifir à faifir cette occafion
„ de vous en parler.

„ Une belle action qui s'accomplit au
„ moment qu'on la projette, eft déjà une
„ chofe affez rare ; mais une belle action
„ qu'il faut foutenir pendant trois ans,
„ avec une fenfibilité & un courage inal-

» térables, aux dépens de fon temps, de
» fes propres affaires, de fa fanté & de fa
» fortune, quand on n'en a pas, c'eft ce
» que je n'avois jamais vu jufqu'à ce que
» j'aie connu Madame le Gros. Beaucoup
» d'autres auroient pu former la même en-
» treprife, en apprenant les malheurs du
» fieur Mafers; mais pour réuffir, il falloit
» une fenfibilité, & une conftance plus
» qu'ordinaire : il falloit celle qui anime
» & qui foutient Madame le Gros.

» Ni les détails, ni les refus, ni fes
» efpérances cent fois trompées, ni le re-
» froidiffement de ceux que tant de diffi-
» cultés laffoient, ni les inconvéniens per)
» fonnels auxquels l'expofoit le genre de
» bienfaifance qu'elle exerçoit; rien enfin
» ne l'a rebutée. Les repréfentations même
» de ceux qui, touchés de tant de géné-
» rofité, prenoient le plus tendre intérêt
» à fon bonheur, n'ont jamais modéré fon
» zèle. Il croiffoit en progreffion des difficul-
» tés, & je ne lui ai jamais vu plus d'ardeur

» pour réuffir, que quand elle fembloit ne
» devoir plus rien efpérer. Sans autre fecours
» que fon courage, & dans un état de fanté,
» qu'une groffeffe rendoit encore plus dé-
» plorable, je la voyois fans ceffe l'année
» dernière s'épuifer en courfes pénibles,
» pour obtenir non des fecours pécuniaires,
» car elle les fourniffoit elle-même à fon
» prifonnier; mais des protecteurs qui puf-
» fent le fervir. Elle communiquoit fa fen-
» fibilité à ceux à qui elle parloit ; en ga-
» gnoit tous les jours de nouveaux ; n'en
» négligeoit aucuns, & ne fongeoit à fe
» repofer que quand il n'y avoit plus rien.

» C'eft ainfi que fans fortune , fans
» crédit, fans moyens perfonnels d'aucun
» genre , elle eft parvenue à obtenir ce
» qu'elle avoit fi long-tems, fi ardemment
» defiré.

» Et quel étoit le but de tant des foins ?...
» C'étoit de recueillir chez elle celui qui
» en étoit l'objet : de partager avec lui le

» fruit de ſes travaux, & ceux de ſon mari.
» Je lui ai quelquefois dit que ſa ſituation
» ne ſembloit pas lui permettre de ſe livrer
» à tant de généroſité. J'ai perdu mon fils,
» me répondit-elle; j'ai promis à mon pri-
» ſonnier qu'il occuperoit ſa place : s'il eſt
» jamais libre, je lui tiendrai parole. Elle
» oublioit, en parlant ainſi, qu'un autre
» enfant né depuis ne laiſſoit plus cette
» place vacante. La femme capable de dé-
» vouer ainſi toute ſon exiſtence au ſen-
» timent d'humanité, & le mari qui le
» permet & l'approuve, ſont deux êtres
» bien rares & bien reſpectables.

» Comme je n'ai jamais vu Madame le
» Gros qu'occupée entiérement de celui
» qu'elle a ſi bien ſervi, je ſuis à peine
» inſtruite de ſa propre ſituation. Je ſais
» ſeulement que née ſans fortune, ſes af-
» faires ſont encore plus gênées qu'elles
» ne devroient l'être; parce que venant de
» perdre ſon père après des maladies fort
» longues, & par conſéquent onéreuſes,

» elle a voulu faire honneur aux dépens que
» ce malheur leur avoit fait contracter. C'eſt
» en rempliſſant ce devoir aux dépens de
» ſon néceſſaire, qu'elle a encore trouvé
» les moyens d'aider le ſieur Maſers de
» tout ce qu'elle a pu dans ſa priſon : qu'elle
» n'a épargné aucuns des frais qu'entraî-
» noient tant de démarches, & qu'elle ſe
» félicite aujourd'hui de l'avoir en partie à
» ſa charge, ſi l'on ne trouve moyen d'a-
» jouter quelque choſe aux quatre cents
» liv. de penſion qu'on lui a accordé.

J'ai l'honneur d'être , &c.